和孩子正确说话

[法]洛朗·孔巴尔贝◎著
李焰明　原冰玉◎译

中国华侨出版社

图书在版编目（CIP）数据

和孩子正确说话 /（法）孔巴尔贝著；李焰明，原冰玉译. — 北京：中国华侨出版社，2015.12
ISBN 978-7-5113-5828-8

Ⅰ.①和… Ⅱ.①孔… ②李… ③原… Ⅲ.①家庭教育－语言艺术 Ⅳ.①G78

中国版本图书馆CIP数据核字（2015）第307236号

● **和孩子正确说话**

著　　者 /（法）洛朗・孔巴尔贝
译　　者 / 李焰明　原冰玉
出 版 人 / 方　鸣
选题策划 / 李萍 liping314@126.com
责任编辑 / 若　奚
特约编辑 / 俞边书
封面设计 / 酒清爵 木瑾玥
经　　销 / 新华书店
开　　本 / 870mm × 1280mm　1 / 16　印张 / 14　字数 / 100千字
印　　刷 / 三河市中晟雅豪印务有限公司
版　　次 / 2016年4月第1版　2016年4月第1次印刷
书　　号 / ISBN 978-7-5113-5828-8
定　　价 / 32.00元

中国华侨出版社　北京市朝阳区静安里26号通成达大厦三层　邮编：100028
法律顾问：陈鹰律师事务所
发 行 部：（010）82605959　传真：（010）82605930
网　　址：www.oveaschin.com
E - mail：oveaschin@sina.com

致谢

感谢让我不断进步的亚瑟、维克多、里奥和丽露。
要是你们出生的时候，我就知道今天的自己是什么样子就好了……

感谢我日常生活里的搭档——卡洛琳娜。

感谢自我研究亲子谈判这一主题以来，多次出现在这本书的示例中，通过他们的经历、经验、见证和叙述来帮我丰富这部作品的所有人。

前言

十五年来，我一直在为谈判做准备并致力于和谈，这些都被认为是世界上最艰难、最冒险的谈判：我曾面对一些狂躁的疯子，他们扬言要用煤气罐炸掉自家的房子；我曾走进瓜拉尼丛林深处，和当地叛乱分子就释放人质问题进行磋商；为了恢复开采权，结束一场错综复杂的僵局，我曾被困在尼日利亚外海的一艘油船上，身陷两个敌对群体的冲突之间；为了说服一个土著村庄允许人道主义运输队通行，我曾一连几天和他们进行无休止的商谈；我曾被一群年轻的俄罗斯黑手党“友好地”扣留下来，他们此前与我任职的一家公司缔结了一份协议，而现在他们认为这份协议已经不公平了；我甚至与某一武装力量进行过和谈，最终把一个被其扣押的欧洲人带了回来。

然而，就谈判的复杂性及其所带来的压力和巨大的孤独感来说，这些谈判与我每天在家面临的种种问题相比，简直是小巫见大巫，因为我在家要对付的是四个孩子。

如果以前有人对我说，我一生中面对的“最可怕”的谈判者是我的亲骨肉，我很难相信这样的话。但我不得不在事实面前屈服了：家里住着我见过的“最狡猾”、“最老练”的对手，他们时刻准备使用新战略，始终在考验我的抗压能力和自控力，其创造性令全世界的传播机构都心生妒忌。研究他们的策略后，我发现一切招数都被他们派上了用场：软硬兼施、步步攻破、公平交易、假装慈悲、虚张声势、划分对手……简直一应俱全。我似乎感到他们的床底下藏着所有谈判大师的书和有关美国联邦调查局人质谈判的教程，甚至还有一些我不知道的晦涩难懂的教案。

最令人难堪的是朋友间的讨论。尤其是当我们不可避免地谈到管孩子和处理他们种种“要求”时，有一种观点必然会出现：“对你来说，和孩子谈判肯定是很容易的。凭你在工作中的所见所闻，劝小孩子关掉游戏机上床睡觉，应该是件轻而易举的事。”

啊，不！怎么可能是件轻而易举的事？我和成千上万的父母一样生活在苦海中，时常想让孩子接受一些生活习惯。奇怪的是，这些在我们看来毋庸置疑的生活习惯，却不符合他们魔鬼般的逻辑。“爸爸，我应该在看新的DVD之前刷牙，还是看完再刷牙呢？”

和叛乱分子谈判总有个了结，即他们会在某个时刻不再提出要求。他们乏了，意识到自己得到的已经够多，不可能再有什么，于是便接受协议。而和小孩子谈判，则永无止境。

早上、中午、晚上、周末、假期，所有这些都是讨论的话题，而且为了能得到更多的东西，这些内容还要再被拿出来讨论。

如果我们能在和孩子的谈判中获胜，就能在和任何疯子、恐怖分子或大宗交易上的谈判中获胜！

所以，我们要成为比孩子更优秀的谈判专家。我们要在他们的游戏中拿下他们，学会他们的秘密武器。

为什么谈判的主要工具——情感会阻止我们在孩子面前保持客观？

应该谈判还是强制？如何在不丧失权威的情况下，确定谈判框架？如何掌控初期的“不”？什么是迎击反抗父母的兄弟姐妹联盟的最佳策略？如何和青少年辩论？为什么创建有效关系是亲子谈判的基础？

本书唯一的愿望就是给那些在日常亲子谈判中丢盔弃甲的父母们提供最好的谈判方法，这些方法都来自于复杂谈判的实践，旨在让家长更好地进行亲子谈判，与孩子进行更有效的沟通。

目录

3 谈判的参与者

4 亲子谈判框架

5 关系——大规模平定武器

练习

1

为什么跟孩子谈判那么复杂

十多年来，我在世界各地扮演着谈判者的角色：警队的危机谈判专家、国际谈判外交官、商务律师、商业谈判者、人力资源经理等等。每次我都会提出这样一个问题："你遇到过的最困难的谈判是什么？"回答是永恒不变的：跟我的孩子进行的谈判！这种艰巨性并不是某一文化或某一地区所特有的，工作的时候，我在世界各地都对此有所耳闻。那么，我们为什么要和孩子们谈判呢，是什么让这种谈判举步维艰?

为什么要和自己的孩子谈判

世界上最常见的谈判活动就是商业谈判或者商务谈判。虽然“谈判”一词最初的定义来自于商业活动，我们也不可否认，时至今日，谈判已经融入了日常生活的方方面面：我们会和老板、同事、亲友进行谈判，因为这是解决争端冲突的主要及通用的方式。

谈判是家庭生活中的日常活动

家庭是人们因亲缘聚集而成的共同体。家庭成员之间存在着法律、道德和精神层面的责任和义务。孩子的教育和健康成长是家庭之所以成为家庭的重要因素。

20世纪的家庭结构更为专制，父亲拥有对孩子的绝对权力，母亲则负责执行父亲的决定。在这种情况之下，夫妻亲子之间，几乎没有什么谈判的余地。

21世纪初，家庭内部出现了某种民主，谈判也随之出现。然而，我们未曾学习过如何跟孩子谈判，或者如何保持情感和情绪的平和，后者关系到公正的、恰当的观点能否有效传达给家庭中的每个人。

近二十多年，人们对家庭的概念有了很大的改变。

当问9岁的卢卡斯谁是他的家人的时候，他回答："我爸妈、祖父母，班上的同学，还有网上的朋友。"卢卡斯恰好忘记了他的哥哥、小妹妹、阿姨和继母……他所列举的那些人都会对父母与孩子的相处产生一定的影响。当然，本书中也将探讨这种扩大化的家庭概念[1]。

当人们问到谁对他影响最大的时候，他毫不犹豫地回答："我的小伙伴儿！"从卢卡斯的事例中我们可以明晓一点：亲爱的父母，咱们要做的还很多啊！

谈判是什么

当几种不同目标呈现出对立状态时，就会出现5种可采取的策略：

1.连续性冲突

"我不赞同你的观点，你不同意我的看法，我们都没有走出自己的立场！"

① 参见第三章。

每个人都站在自己的立场之上，毫不退让。双方都不满意!

2.强行通过

“立刻去睡觉，我不想再听你说什么！”

这种策略有一定效果和道理，但这不是谈判。只有一方觉得满意，另一方仍然觉得失望。

3.屈从

“你要是把作业写完了，我就给你一包糖，而且你还可以比平时晚点儿睡。”

还没开始谈判，一方就已经输了，因为还没讨论，就退让了。只有一方感到满意，另一方还是觉得失望。

4.恶化

“你不想收拾自己的房间是吧？好啊，我有的是时间看着你，你很快就觉得厌烦了！”

谁有耐心谁就能获得胜利，通常，孩子们的耐心远远超过他们的父母。所以，结果是双方都不满意。

5.谈判

“你想现在就玩儿游戏机，但是我希望你能先整理自己的房间。可以肯定的是，不管发生了什么，你都得整理房间。所以我建议你立刻开始，这样你还有时间玩儿。”

双方都能彼此明确对方目的，我们可以对其进行一些补充，比如折中一下。结果是双方都能满意。

谈判，不仅仅是围坐在桌子旁讨论问题。谈判是努力让具有不同目的，但希望统一意见的双方或几方达成一致。谈判，需要参与者有谈判的意愿。有时，这种寻求折中方法的意愿是与他人谈判的前提。但是和孩子们谈判，则是截然不同的，对他们来说，什么都是可以谈判的！

练 习

你和孩子（们）的上一次谈判

1.上一次谈判的原因是什么？

2.这次谈判的重点是什么？

3.你成功地表达了自己的见解吗？

4.这次谈判中最重要的部分是什么？

如果你第4题的回答中出现了“感情”、“情感”或者“温情”这三个词，太好了，这说明你是一个亲子谈判专家。

自我诊断

你是天生的谈判专家吗

根据第一直觉回答如下问题，在1~10的空格内做标记

【1：这并不是我的情况——10：这简直就是我】

	1	2	3	4	5	6	7	8	9	10
你喜欢和其他人保持联系										
你会花时间谈判										
你认为强权不是让别人接受自己观点的最好途径										
你知道什么是可以谈判的，什么是不能谈判的										
你能系统地组织和孩子谈判的语句										
你懂得倾听其他人的意见										
你很自然地就能理解其他人的观点										
你很容易认识到你的情绪会影响自己的行为										
你能接受其他人的反驳意见										
你可以承认其他人说得有道理										
你可以推翻自己做出的不好的决定										
在选择谈判策略之前，你会考虑到其他谈判人员										
你知道如何处理压力和紧张的情绪										
对你来说，情绪是不让自己沉浸在某一事物之中的最有效的手段										

结果：7~10代表你对谈判的爱好以及运用讨论和人际关系来应对复杂情况的能力；4~6代表为了更加有效的谈判，你需要完善的技巧。1~3代表你仍需改进的地方，以及下次谈判时需要注意的主题。

当情感、温情和情绪让谈判变得困难

奥利维亚有个11岁的女儿，她自称在孩子面前，是个相当糟糕的谈判者。“上周，诺米问我她能不能去朋友家住一晚上。听说她不回家住，我很担心，我的第一反应就是对她说‘不’。但当我看到她的失望和饱含泪珠的双眼，我就让步了。最后，我允许她到同学家住，没有说出任何反对意见，也没强制她在睡觉前打电话给我确认她一切安好。我对自己说：‘要是我说不，女儿再也不会爱我了！’在谈判这方面，我真是一无是处。”

我们爱自己的孩子胜过一切，我们对他们的爱无穷无尽，这种感情有时会让我们在给孩子立规矩的过程中受到阻碍。这份爱所引起的温情和情绪蒙蔽了我们的双眼，阻碍了我们的理智，我们给自己设置障碍，而我们的孩子却知道该如何利用这一点。

情感、温情和情绪之间一系列复杂的变化让父母和孩子们的谈判变得敏感起来，我们很难在其中找到绝对的平衡。

认知科学发展的初期阶段，有一种理论倾向于将人的情感和理性区别开来。

这一种两分法源于理性主义和笛卡尔主义理论。但经过对人类行为的多年探索和研究，学术界已经证实，人类的情感和理性是密不可分的。我们只能研究它们之间的相互作用，而不能将它们生硬地分离开来。

20世纪末，一种新的科学领域——“情感科学”发展起来，这一领域主要研究情感固有的机制，探究人与人之间的关系、相互作用，以及我们对世界的认知。研究表明，情感的过程有益于认知。

现在，本书所谈即是包含了情感和理性的“热认知”（而不是应用于人工智能中的“冷认知”），在亲子关系中，也可以称为“灼热认知”。

当情感遇上温情

情感对应着一种感情状态，愉快的或者不愉快的、强烈的或温和的，它会影响人的行为。在拉丁语当中，affectus一词指的是灵魂的状态。哲学家斯宾诺莎认为情感是伦理学的一部分，涉及某种身体内部及精神上的同时的变化或改变，这些变化使身体活动的力量增进或减少。那些使我无动于衷的变化或感情不属于affectus的范畴。

亲子关系当中存在着强烈的情感因素，我们无法回避这一点：父母爱自己的孩子，孩子爱他们的父母。这份爱将亲子关系的感情层面提到了制高点。通常，我们认为这种不可分割的情感是开展有效谈判的障碍。

正如斯宾诺莎所说的那样，我们在孩子面前表现出来的情感影响了我们的行动力以及我们有效谈判的能力。

温情是与情感平行的概念，指的是我们在个别人面前所展现出来的喜爱之情。

在亲子关系当中，彼此之间的温情极为强大。

在一段时间内，这种挚爱之情促使另一方研究、维护这种关系。

然而，**这种对于维系持久关系的研究让我们忘记了这种关系还有另一层目的，那就是教育**。

母亲之爱远胜于担忧，远深于爱情，因为母爱将二者放在了母亲心中。
——乔治·路易斯·勒克莱尔，布丰伯爵

情感和挚爱之情所生成的联系有利于我们的谈判。实际上，孩子十分依恋自己的父母。因此，父母向孩子指出什么是对他好的，或者说服他改正自己的行为也是合情合理的。心理学家安妮·芭居丝认为：“孩子对大人的依恋之情，使父母像老师一样，也具有了教育的权力。因此，权力也只出现在这种关系强度中。如果说温情蒙蔽了我们的视线，那么它也是我们赖以巩固谈判权的合理性因素之一。”

情绪，爆炸性因素

情绪存在于所有关系当中，使人类成为了会思考、能感知的存在。情感激化了情绪，使之成为了我们和孩子谈判过程中的重要因素，但有时也使得这种关系变得不稳定。

“情绪”一词源自于拉丁语motio，形容一种动态的、在运动中的行为。情绪是一种心理和生理经历，当人们面对一定的情况时即会产生：孩子的微笑让我们快乐，朋友的眼泪使我们忧伤，不守信用令人生气。情绪是向我们自己及我们的身边人传递的信息。

和孩子谈判的时候，我们的目的是认识、了解我们感受到的情绪，避免情绪使情况复杂化或降低我们保持客观、理性的能力。我们应该认识到，人们表现出来的所有情绪都是合情合理的，这一点十分重要。

美国哲学家保罗·艾克曼是世界上最伟大的情感专家之一，美国电视剧《别对我撒谎》（Lie to me）正是以他为蓝本。1972年，他确定了六种人类的基本情绪：**悲伤、快乐、愤怒、恐惧、厌恶和惊讶**。

这六种基本情绪都是合情合理的，理应为成熟的人所接受。但是，在和孩子谈判的时候，一旦强烈的情感加剧了这六种情绪，这些情绪就面临着极大的危害——令双方在短时间失去了情绪的平衡状态：生气变成了激进，恐惧变成了不安，快乐变成了狂喜，同时，它们还改变了我们的理性分析，使关系变得复杂。当这些基本情绪出现的时候，我们应当认识、接受它们，避免其破坏、影响我们的即将谈判的效果。

情绪是关系构成中不可缺少的一部分，如果关系这个前提不存在，谈判也就无从谈起了。

练 习

你面对孩子时的情绪

1.当孩子按照你的要求做事的时候，你是什么样的情绪？

2.当孩子不听话的时候，你是什么样的情绪？

3.每一种情绪的外在表现是什么？

4.这种外在表现有利还是不利于你和孩子的谈判？

关系，有什么用

谈判基于一种长期、长久的关系以及要保持、维护这一种关系的存在，谈判的开展正是始于后者。关系可以独立存在，但没有预先存在的关系，就无法实现谈判目的。

> 泛滥的情感蒙蔽了理性的决断。

有效的谈判=有效的关系+可实现的目的

没有已经存在的关系，就没有谈判

谈判过程中的很多错误都是因糟糕的关系而起，很多人认为只要两个人面对面，就可以开始谈判了。研究发现，强迫对方接受自己的观点，却达不到目标的原因在于，如果事先没有构建关系，那么对方只会听你说，却听不进去你说了什么。

与孩子谈判的时候，关系是本已存在的，且这种关系意义深远：它是双方所期待的，是处在信任的情况之下发生着的，每个人都希望它得以延续。然而，这也是我们与孩子谈判时的弱点所在：父母过度地重视关系维护，用情感和温情去处理与孩子的关系，却忘记了理性教育的重要意义，这可能会导致溺爱。

在和亲人相处的时候，我们应该平衡理性和情绪之间的关系。我们不应忽视这一点：我们和孩子之间的关系也包含着教育、纪律和给予生活建议的内涵与意蕴。

法黛拉是一位“新手妈妈”，有时候，她会驳斥她7岁女儿所发表的意见。虽然她也很伤心、很痛苦，但这是儿童教育的必备元素。“我的孩子不再喜欢我了。两周前，我责骂了她。虽然我是对的，但从那之后女儿再没对我说过‘妈妈，我爱你’，以前她经常这么说的。我很后悔训斥了她。”

过来人很容易理解法黛拉的后悔情绪，所有父母都经历过相似的情绪波动。我们不喜欢斥责孩子。但有需要的时候，法黛拉还是要斥责她的女儿，她相信，终有一天，女儿会感谢妈妈对她提出了这些限制。

身为父母，就要明白关系不是总能那么良好，还需要接受不是总能听到“妈妈我爱你”，或者“爸爸，你太棒了”这一现实情况。

谈判是要达到某种目的

为了谈判的快乐而谈判可能是一种游戏，但却不是教育的方法。当我们展开谈判的时候，是要达到一种明确的目的。

漫无目的地谈判，容易被孩子们绕进陷阱；谈判的时候，孩子们总是知道他们想要什么！

伊莎贝拉就深受其害，她有个10岁的孩子。“这一个礼拜，我儿子都很讨人喜欢，周日的早上，他给我准备了早餐，让我给他改这个礼拜的作业，一切都那么完美。他还建议我吃完饭之后，撤掉桌布，他实在太可爱了。当他提醒我，好多小伙伴都跟爸妈要求这要求那，而他呢，总是通情达理的，我还没料到后事如何。周五早上，他直入主题：他最好的朋友托马斯要求他去家里住一晚上（这是他第一次去朋友那儿住）。这一请求建立在一周的完美表现的基础上。我毫无反驳的余地，只好同意了，我无法想象他从一开始就是在筹划。但当我表示同意之时，他那淘气的笑容显得意味深长。”

一场谈判可以存在着不同的目的：

· **100%达到我们所期望的**。当谈判目的没有商量的余地时，我们会遇到这种情况。

“你应该尊重哥哥，不该用这种口气跟他说话。”

·坚持不可协商的，放松可协商的。

一部分谈判目的是可以协商的。

“你可以参加今晚的宴会，但必须晚上11点之前回来。”

·拒绝对方的要求。**当孩子们提出不可接受的要求时，我们应当拒绝**。

“你还有那么多作业没做，就不该玩儿游戏机。”

了解谈判的目的很重要，了解对方的期待也同样重要。

“我的先生马克订立了一条简单的规矩：当其中一个孩子想要什么的时候，他必须清楚地表达出来。过去，我的孩子想跟我要什么东西，他就围着炖锅转，不停地转来转去，直到达到目的。很多时候，我不能马上明白他想要什么，也就不能很好地理解他所期望的，引起了令人不快的误会或者误解。如今，在我们的谈判中，规则简单而直接，这可让事情容易多了。”

亲子关系中的情感和温情使人忘记了想达到的目的和该使用的手段。太过重视关系的结果就是忘了关系的最终目标。

我们谈判的是本质还是形式呢，哪个更重要

本质和形式之间的区分是整个谈判中关键的一步。这种区分尤其适用于亲子关系，因为情感很容易让我们混淆二者。

谈判的本质就是我们的目的："我希望你能整理自己的房间。"
谈判的形式就是实现这一目的的方法。

"我希望你能整理自己的房间。你可以今天早上或者下午做这件事，但是晚上睡觉前必须做完。"

当谈判的本质不可协商之时，（无论如何，你都得整理自己的房间）让步到形式，会更加容易（你可以自由选择什么时候整理自己的房间）。谈判的这两面是不可分割的，我们最好能够利用它们，而不要混淆它们。

若谈判的目的在达成时遇到阻碍，我们可以通过提出建议或者妥协退让将讨论过渡到形式，即实现目的的方法上，以便坚持不可协商的本质。

我们可以通过在形式上的妥协来坚持本质。
——塔列朗

本质（目的）	形式（方法）
“你应该整理房间。”	“你可以在去玩儿之前或洗澡之后整理你的房间。”
“你们应该清理桌子。”	“你清理桌布，你哥哥洗盘子，明天你们互换。”
“你应该在规定的时间回家。”	“如果你想让我去找你，告诉我你想让我在哪儿找到你。如果你想跟朋友回家，你得保证他们在预定的时间把你带回来，说说看，你想选哪个？”
“你该做作业了。”	“今天晚上睡觉之前，你得做作业。你想跟你的妹妹一起在我的办公室写，还是想安安静静地在自己的卧室里写？”

边谈判边教育

32岁的西尔万是一个幸福的爸爸，他有一对7岁的双胞胎。研究者在与他访谈时，他说：“当我还是个孩子的时候，我更像是一个小顽固派：我的个性十分鲜明，当我有了一个想法的时候，很难把它赶出我的脑袋……即便那是个愚蠢的主意！（笑）我的父母很少强迫我做什么，他们总是跟我协商，尽管今时今日，我觉得他们并不一定意识到这就是谈判。对他们来说，这是一种教育，就这么简单。我认为这种方法缓和了我天生的性情，以及我和同班同学的关系，也使得我和我的父母能通过协商而不是绝对权力来解决“软”冲突。我也试着这样对我的双胞胎，但他们可是以二抵一啊！（笑）”

当西尔万被问到：“在你看来，你父母对你的教育方法是不是使你成为今日的专业谈判家的因素之一？”西尔万回答：“当然。”

和孩子谈判十分重要。如果他刚开始提要求你就妥协了，该怎么让他接受他周围的人有权拥有和他相反的意愿和目的这一事实？如果他不能维护自己的立场，或让周围的人接受他的立场，该怎么让他表达、维持个人利益？

和孩子谈判不仅仅是一种解决冲突的方法，也是展开全面教育以及向他人敞开心扉的过程。

教育和谈判，相同的较量

“教育”一词源于拉丁语的educatio，即ex-ducere，即来自外部的引导。教育使个人在社会、文化、宗教、技术、科学等层面得到全面发展。教育使个体能在社会中生活并在其中充分发展，在自身利益最大化且尊重他人利益的基础上处理和他人的关系。

教育不仅仅是教导。教导是不能协商的，即便我们可以进行讨论和争辩。教育则是在传授共同文化中必不可少的诸多知识。教导涉及的是十分确切的教育，而教育则涉及全面的、横向的发展。

谈判是一种将孩子看作是“未来的成年人”来培养的教育方式。最初孩子们从他们结构性的经验中学习谈判，他们从中了解到有些事情是绝对不能协商的（如吃饭、睡觉、洗漱、尊重他人），其他情况则可以与父母、朋友或他人协商处理。这些我们将在练习中讨论、整理。对于一个孩子来说，谈判首先是一种处世之道，同时也是寻求令所有人满意的折中之法。

只有学会谈判，
才能边谈判边教育。

和孩子们谈判时注意回避的“陷阱”

谈判是一种寓教于乐的教育方式。它首先建立在倾听、非暴力、接受和寻求相互一致的基础之上。需要注意的是，和孩子谈判，也要像和成人谈判一样，要运用理性去思考和鉴别。

注意回避“陷阱一”：一切都是可以商量的！

谈判是一种寻求共同解决办法的方式，但不是所有的家长们遇到的问题都可以通过它来解决。我们会遇到这样一种情况：发出的指令没有讨论的余地。此时，我们宁可选择激烈的争吵，也不要认为所有事情都是可以商量的。

玛丽亚五年前离了婚，她有一个15岁的儿子和一个13岁的女儿。“我特别希望事前能和孩子们有商有量，现在我就掉进了自己的陷阱里。所有的话题都可以讨论，即便是我的私人问题。上周，我们的孩子想跟我讨论‘访问权’，也就是我的新男友到我家来的问题，我感觉这是我和两个青少年的言语决斗，这都怪我之前没有设限！”

关于和孩子们谈判的规则[1]，首先要确定的就是“不可谈判”，也就是说有些话题我们可以以解释的名义进行交流，但执行起来却不容质疑。

注意回避“陷阱二”：一切都是可以再商量的！

谈判是一回事，将谈判的决定付诸实践又是另一回事，一旦我们就某一话题达成一致，谈判的参与者们都应该实施该协定，但如果一切可以“再”商量，那么执行就毫无可能了。我们不应该反复谈判已有结论的话题，否则谈判就毫无意义了。

斯特凡有个15岁的儿子，访谈中，他说：“我再也受不了了——我们总是没完没了地回到已经一起决定的事情上。我们达成一致了，每个人都很满意讨论的结果，过了一段时间，我儿子又旧事重提，我们又得从头再讨论，这太累了……”

这就是谈判的另一规则：达成一致后，在情况没有根本变化的时候我们不再重复讨论。每一方都要应用已达成的决议。

注意回避“陷阱三”：我们有的是时间！

谈判是一件长期的事，但我们应当知晓何时停止一个具体的谈判过程。无休止的谈判浪费了我们的时间和精力，使我们不得不强行通过

① 参见第四章。

某些决定。时间对于不同人来说是不同的感觉，而谈判的节奏则和情况的紧迫性有关（相比完成明天就要交的作业，我们可以花更多时间来讨论下个暑期作业的内容）。首先我们要知道的就是喊“停”！时间也是谈判的参数之一。

注意回避“陷阱四”：谈判是一种游戏。
即便是和孩子谈判，我们也应该严肃对待，否则会失去其本身所具有的教育价值。有人喜欢谈判过程中的思想交锋，他们将讨论本身看得比谈判目的还重要，我们称之为辩论者。

马克有个9岁的儿子——西奥。马克在访谈中说：“我有种感觉，他在制造困难以获得讨论的乐趣，那些很容易解决的问题占了相当大的比例，仅仅是因为西奥想和我谈判。”

孩子们特别喜欢和身边的人对峙，但这种对峙应被谨慎对待，而不是被当成游戏的乐趣。我们应该很清楚地知道什么是可以谈判的、什么是不能谈判的，并把它作为跟孩子解释说明白的谈判的规则之一。

怎样学习和孩子谈判

在开始谈判之前，你可以：

1. 深呼吸数次以调整气息。
2. 提醒自己目的何在。
3. 概括将要使用的论据。
4. 想象一下你的孩子会使用什么论据。
5. 提醒自己，最好的谈判家首先要懂得倾听。
6. 回想一下有效倾听的技巧。
7. 开始前深呼吸。
8. 去吧，你已经准备好了。

除了谈判专家以外，没有谁是为谈判而生的。然而生活中谈判无处不在。学会和孩子谈判，就是要辨别人际关系活动过程中的各个阶段，并将它们运用在与孩子们打交道的各类情境之中。

但是，注意不要自我设限：过于在乎，或根本不在乎谈判技巧，都可能让我们无法高效谈判。我们每个人都有一种希望和他人相联系的自然倾向。有些人觉得孩子太小了，不明白什么是亲子关系，也没有必要懂得谈判让我们把目光放得长远一些，任何年龄都是可以谈判的！另外一些人还认为谈判会让他们丧失权力，或者因为他们不是孩子的亲生父母，觉得自己没有权力去和孩子们谈判。但是，权力关系是一种谈判工具，我们仅需要提出正确的问题并且知道如何选择。

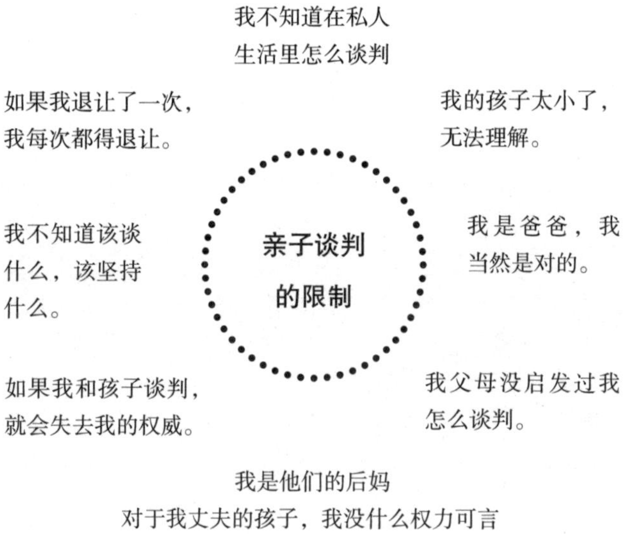

谈判的方法并不难：鉴别在谈判中，是谁授予了我们权力（第二章），确定相互作用的参与者（第三章），确定和孩子谈判的共同范围（第四章），了解亲子关系的优势和边界（如何把握度）（第五章），掌握有效倾听的方法（第六章），你的谈话符合孩子的年龄和心理发展状态（第七章），知道如何有效控制冲突局面（第八章）。

2

谈判的权力还是
谈判的权威

我在法国警察总署特动队担任谈判专家的时候，我总会问自己一个问题：为什么狂热分子决定听我说话了呢？是谁赋予了我这样的权力和影响力，以使其接受我的论据并同意投降？我的思考很快将我带向了这样两个概念：权力和权威。

你有谈判权力吗

在人质谈判工作中，谈判专家会使用两种手段树立其合理性：一个是警察的权力，其地位相当于警方代表，另一个是谈判者的权威，这与谈判专家的专业特质有关。二者之间微妙的平衡在谈判中影响着对方。当我们和孩子谈判的时候，我们也要完完全全地采用同样的手段。

最近三代人以来，权力和权威的概念发生了巨大的变化。我们的祖父母是在父权家庭的环境中长大的，行使的是家长权力。孩子们不能在桌子上说话，父亲的话就是金科玉律。权力是固有的，因为人们从不怀疑还有其他的可能性，比如我们正处在专制之中。我的父母是1968年5月受父母之命认识的，他们反对让孩子“听之任之”，认为那几乎就是放纵主义。但是在概念得以巨大变化和发展的今天，父母们还是茫然不知所措：主流观点认为孩子是一个个体，甚至是一个全权自由者的时候，我们该靠什么来树立权威？

权力和权威是两个不同的、互补的概念。如果只是强调两个概念中的一方就相当于片面地看待我们对孩子的影响。拒绝区分二者就是放弃了两种良好的、互补的教育方法：让孩子来确定父母的地位，权力和权威也由此而来。

我们可以通过在形式上的妥协来坚持内容。

——塔列朗

当发生了冲突或双方有“心结”的时候，家长可能会通过以下几种方式行使权力：

· **强制措施：**没有讨论，没有倾听，用最强势的法则占上风。这样行使权力通常没有效果，且会引发对方的失望和怨恨。

· **深思熟虑之后的强制力：**我知道我拥有成人强制小孩子的能力，但我愿意倾听以了解他的观点，看看是否能稍作妥协。虽然他最后明晓自己只能达成一小部分目的，但他也有表达自我观点的权力。

· **法则：**系统实施的，用于解决争端的规则。行使此类权力需在冲突双方都接受该法规的情况之下。如果有一方不承认，则该法规无效。

· **拥护：**我成功地向另一方证明了我可以充当争端中的主持人，帮助反方，满足其要求，同时，又没放弃我自己的目标。这是有效谈判中最常见的因素，但它需要一定的时间去构建有效联系。

· **请求：**另一方请求我帮助他找解决争端的方法并给他提供建议。这是理想化的行使权力，但鉴于这种方法很容易陷入到操作的情况之中，这需要彼此间极强的信任，且参与方应存在着伦理关系。

在三个孩子面前，席琳很难选择行使权力的方法。“当我让孩子们做一些事的时候，比如整理他们总是扔在花园里的玩具，我从来不知道该怎么办：我可以大喊大叫着命令他们，这种方法很简单，但这种语调并不总那么可靠（强行通过）。我可以征求他们的意见，问问他们让玩具这么散落在草坪上合适吗，但我又担心他们的回答不是我想要的（拥护）。我也可以告诉他们，不应该把玩具在地上拖来拖去，但我知道他们马上就会问‘为什么呢？’这可真让我恼火（一般意义上的法则）。再不然，我也可以和他们严肃地谈判，让他们接受这样一个事实，那就是无论如何，他们都得整理花园，但我可以让他们自己分配角色，决定三个人之间谁负责什么（深思熟虑之后的强制力）。”

和孩子们谈判的时候，我们可以通过以上方法来行使权力，扬长避短。古老的魔法书上可没有神奇的规则或者炼金术，每个家长都应该知道权力和权威在谈判中所占的比例，有意识地区分这两个概念。

区分权力和权威

权力和权威是向周围的人施加影响，以突出自身观点的两种方法。很多人都混淆了这两个概念，辨明二者之间的区别与联系能够丰富我们与孩子谈判过程中的策略和方法。

古罗马人将权力和权威区分开来。权力以高级法院授予的职权或特殊任务授予的地位为基础。权威则并未被任何法院授权，我们不能授予他人权威。权威和个人性格有关。

根据这一定义，我们认为，权力是使他人服从于强制力措施的能力，是法定的。权威是因“我们是谁”而使他人服从的能力，是个人的。这两种施加影响的方法可以脱离彼此独立存在：我们可能拥有权力，却没有权威；也可能拥有固有的权威却没有权力。二者也可以联合在一起，这是我们希望在与孩子谈判时产生的效果。

汉娜·阿伦特认为：“权威并不采用强制权的外部方法。确切地说，一旦使用了强制力，权威也就失效了。”使用权威，也就减少了行使权力的必要性。

练 习

权力或者权威

1.你对孩子施加的影响取决于你的权威吗？

2.在你和孩子的关系中，是谁赋予了你权力？

3.在你和孩子的关系中，是谁赋予了你权威？

4.你最常用的施加影响的方法是什么？

5.你比较喜欢使用的施加影响的方法是什么？

6.在你和孩子的上一次谈判中，你使用了自己的权力还是权威？或者二者兼有之？

7.你现在选择的施加影响的方法的好处和弊端是什么？

什么是亲权

在成为亲子关系的影响要素之前，亲权首先是一个法律规定的司法定义。2002年5月4日的2002-305号法案根据《法国民法典》371-1条款修改了亲权的定义："家长监护权是和子女利益相关的权力和义务的总和。父母在子女成年或丧失对其监护权之前应在教育、健康和道德方面为子女提供保护，以保障其受教育的权力，且在尊重其人格的前提下，保障其成长发展。根据其年龄和成熟度，父母应让孩子参与到与之切身相关的决定之中"。所以，亲权的唯一目标就是子女的利益。有趣的是，我们发现《民法典》371-1条最后一部分也规定了要和孩子谈判，比如其中提到的"与之切身相关的决定"以及"根据其年龄和成熟度"。法律规定了要谈判！

> 并不是父权强迫我结婚，
> 罔顾我自己。
> ——莫里哀《屈打成医》

亲权的原则，源自罗马法，管束着父亲和孩子之间的关系，直至1970年才被废除！今天，亲权对于父母和孩子来说是平等的，根据父母和孩子之间的权力和义务来定义。在家长的义务中，特别提到了抚养、提供住宿、教育和保护的义务……

权威是教育中不可谈判的部分，但好好利用权威可不是一件随便的事。心理学家安妮·芭居丝认为，应该使用明确的亲权，其中父母的态度应该是坚定，但愿意倾听的。

这里的亲权主要是为了孩子的安康和发展，亲权就是能说“是”也能说“不”，就是能唤起孩子的信赖感，就是能给孩子安全感。

一项调查显示，67%的受访父母认为他们在孩子面前缺乏权威，76%的受访父母认为现在养孩子比他们父辈养育孩子困难得多。

另一项研究显示，76%的法国人认为父母没有对孩子展现出足够的权威，20%认为他们已经展现了足够的权威，还有2%认为他们展现的权威太多了。81%的法国人认为，他们身边的父母很难让孩子听话。

想在孩子面前树立权威就得有恒心和耐心。这需要恒心，比如家长对孩子说了不，但一看到孩子的眼泪，就立刻改变了主意，为了和平就说“是”，孩子该怎么信赖这样的家长？这需要耐心，罗马不是一日建成的，在孩子面前，加强家长权威是一项日常工作，也是一项长期工作，不管发生了什么都要坚定不移。

谈判中的力量对比

如果没有这种平衡，或者这种平衡不稳定，其中一方就可以将自己的观点强加给另一方，这就不是谈判了。

雅克是个离了婚的父亲，他每两个周末去看儿子一次。“当我让孩子做事的时候，我只需要简简单单地告诉他要做什么，不需要再说其他的。如果随后他想就细节问题跟我谈判，我们总是可讨论一下的，但我从不妥协。”

显然，雅克与子女之间的力量对比极不平衡，这就是虚假谈判。

平衡的力量对比还有一个好处，就是我们没有强迫别人谈判。如果孩子们感觉到他们在谈判中没有切入点，且力量对比对他们太过不利，他们就一点儿谈判的兴趣也没有了。于是他们就会立刻开始哭泣或者在还没开始积极交流的情况下就直接发起了冲突。

在亲子谈判中，力量对比的要素有哪些？

· **谈判的合理性**：我真的有兴趣这么做，我有充分的理由可以提些要求：

“妈妈，我喜欢自己选衣服，我不想被伙伴们嘲笑。”

我们能够了解这一要求的合理性。

· **明确的关键点：**我知道我为什么要谈判，也知道我可以放弃什么、要得到什么。

“我想现在就和你谈谈假期的事儿，因为我想去夏令营。我知道这需要早做决定才能抢到位置。”

关键点很明确且已被表达出来。

· **理由：**我有自己的理由，而且我可以把它应用到具体事情上。

“上次你允许我去朋友家吃饭，我一到那儿就给你打电话了，而且我是在约定的时间内回家的。”

考虑到这些理由，下一次再提出去朋友家吃饭的要求就合情合理了。

· **反驳的理由：**我可以对你的要求和拒绝作出回应。

“你不想让我玩游戏机是因为太晚了？如果我只玩十五分钟的话，我就和平时睡得一样早。”

· **情感：**我想和爱我的人或者想得到我的爱的人谈判。

“你再也不想让我用我的安慰奶嘴了？你不再爱我了吗？我的弟弟还用着一个呢，虽然说他比我小，但真正的原因是你爱他胜过爱我。”

情感会使我们看待事情的视角失衡，切莫作茧自缚。

· **历史原因：**早有先例，我可以借用一下。

“我特别想要个小摩托车当我14岁的礼物，哥哥那么大的时候也想要一个，你都同意了。”

· **准备工作：**我知道要说什么，怎么回答……不管是有意识的，还是无意识的，在准备谈判这件事上，孩子们的能力超乎你想象。家长们也应该领先一步，想想如何回应孩子们的请求。

“我怀疑你是要跟我说你的小伙伴保罗可以去朋友家住的事，但是我提醒你，他可比你大两岁。”

构建最平衡的力量对比有助于发挥固有权威在谈判中的作用，从而避免了求助于行使最“合乎规定的”权力。

自我诊断

你是独裁者吗

根据第一直觉回答如下问题，在1～10的空格内做标记

（1：这并非我的情况——10：这简直就是我）

	1	2	3	4	5	6	7	8	9	10
你有掌控一切的习惯										
大家都说你的性格很强势										
你认为要达到目的，可以不择手段										
你认为孩子首先要服从										
你喜欢快速解决事情										
比起倾听别人，你更喜欢让别人听你说										
你认为爱之深，责之切										
你总是觉得自己是对的										
你觉得“因为它本来就是这样”是个很好的回答										
你总是提高自己的声音										
有冲突，就得赶快解决										
工作中当你被视为领导										
你的同事会联合起来反对你										
你很难被说服										

结果：7～10指的是你对领导地位的偏好，以及对发挥权威的渴望。4～6指的是那些让你想将权威和谈话联合在一起使用的主题。1～3指的是你几乎没有展现出权威的地方。

你的谈判权力是什么

在复杂的谈判当中，权力的概念和我们先前提到的并不完全相同。谈判权是一种在谈判中产生影响的方法，它所产生的积极影响使对方能够接受己方的观点和目的。我们应该至少能够行使一种有效权力。需要注意的是，并不存在完美的或理想的权力。谈判权应该是一种组合，我们通过经验来测定比例，且每个人都应该表明自己的影响力。

我们最好使用复数的“权力”，因为我们至少可以列举出4种家长和孩子谈判之时可以使用的方法。

提奥法诺在和处于青春期的女儿谈判之时完全败下阵来。“我经常需要和女儿谈谈，来纠正她的行为。有时，我要说的甚至更多。我得提醒她，她这个年纪该遵守的规则，特别是与她的衣着仪表有关的事儿。但我从不知道该拿她怎么办，就因为我是她妈妈，我就该把自己的意愿强加给她？如果我知道她会闹别扭，一切又得重头开始，那么让她接受我的要求还是个好办法吗？ 我应该和她成为朋友，从女人的角度和这位女士聊天吗？那我会不会失去我的权威？我可以让她心生畏惧，但我不想摆布她。有时，我对自己说，一个简单的基于事实的解释就会很有效。坦率地说，我总是无法选择最好的面对她的方式。”

提奥法诺的案例展示了她面对孩子时使用的四种谈判权力：制度权力、环境权力、个人权力和关系权力。

你的制度权力

制度权力是首要的施加影响的方法，当我们想到谈判的影响之时，它就出现在我们的脑海。它是典型的“规定的”权力，我们因地位、角色及从属于某一特殊群体而被授予此项权力。

我们的制度权力取决于不同的参数，特别是：

- 名片上的**头衔**
- **委任**我们谈判的那个人的权威
- 我们从属的那个**机构**的重要性
- 在所属机构中的**法定地位**

制度权力是老师在开学时行使的第一项权力：学生们还不认识他，他就可以领导一个班级了，因为他是老师，他的地位赋予了他这项权力。他可以通过这项权力，和其他方法（比如惩罚、奖赏）来使学生们服从。

和孩子们谈判之时，我们因父母这个“职务”自然而然地拥有这项权力，“我是你爸爸！”这是一句典型的用在命令之后的强制性话语，其目的是强化关键点，好像孩子需要我们提醒他似的，否则他就会忘了谁才是当儿女的！

杰里米有两个孩子，对他来说，制度权力是必不可少的。“家长无需证实自己具备可以使孩子们服从的权力：他是个成年人，就这一点就足够了，我可以用朋友的语气和孩子们说话，我的孩子们已经是青少年了，他们十分希望我能平等地对待他们。但是，这对他们没什么好处，还不到我放弃父权的时候。如果我看起来不再像是个掌权者了，考虑到孩子们的现状，我大概是喝多了！（笑）”

在孩子眼中，源自制度权力的责任就是权力的代表，是传承的价值观的捍卫者。这种权力十分强大，因为它本来就源自孩子们所需要的父亲或母亲的角色。然而，它又依赖于孩子对亲权的接受，而这份亲权则是由孩子授予父母的。到了一定年纪，这种接受就变得很容易了，因为孩子们不再质疑父母的角色。与之相反的是，当他们步入青少年时期，他们就开始表现出反抗父母权威的一面，制度权力失去了自己的影响，甚至还可能产生重大的负面影响。

如果说父母共同享有制度权力，那么孩子们并不总是平等地享有此权力。父亲通常被视为制度权力的“官方代表”，因为在不知不觉中，父亲成了古罗马父权制度的回忆再现。而母亲，则通常是和关系联系在一起的，因此，母亲拥有关系权力[1]。

制度权力需要冷静以及对情况的让步，它是一种“规定”了的权力，是自然而然产生的，人们很容易陷入滥用权力以及独裁之中。

环境权力

环境权力是因特殊环境而被授予的，且应用在该环境中的权力：它是一种权能，是控制情况的能力，是知道该做什么的态度。环境权力和几个补充参数相关:

- 就环境而言的**技术能力**；
- 类似环境的**经验**；
- 对可能的替代方法的**准备**；
- **适应**力及**创造**力。

在亲子关系当中，环境权力是最常见的“竞争权力”。

“我能做你做不了的，像你这么大的时候，我已经经历过这些，而且我知道该怎么转危为安。”

---

① 参见第46页。

对于孩子来说，环境权力是一种安全系数，因为他们知道，如果他们听了家长给出的建议，就能避免一些问题，能继续玩儿，能得益于手头的事儿。

“如果你继续这么做，就会弄伤你自己！”

这种施加影响的方法就是一种典型的、带有附加价值的建议权。

当孩子第一次想骑没有辅助轮的自行车的时候，菲利普就用上了这种方法。“露露想让我帮她去掉自行车上的小轮子，借以向她姐姐显示她是个大孩子了。我知道她不但成功不了，还会摔倒。但如果我强迫她留着轮子，她就会又哭又叫，这将是一场灾难。我对露露说，我在她那么大的时候，也尝试过骑没有辅助轮的车子，但是我摔倒了，而且特别疼。然后，我和她商量了一下，她可以那么做，但是必须戴上护具。她犹豫了一下就答应了，正如我所料，她没骑上几米就摔倒了，她哭是因为她发现自己还没准备好，因而觉得失望，而不是因为摔伤……”

使用环境权力是一件有趣的事情，因为这是一种为了孩子的利益而做出退让的施加影响的方法。当父母运用它来谈判的时候，它给了孩子们不听父母建议的权力，让他自己去感受。通常，孩子们会发现自己有兴趣听家长们的大力推荐。但要牢牢记住一点，孩子们的安全是没商量的，我们不能让孩子们冒巨大的风险去积累经验。如果环境权力不奏效，孩子们还是要去冒险，我们就得使用制度权力：

“立刻停下来，你要弄伤你自己了！”

对孩子们来说，**环境权力也是一种很好的鼓励方式：**能让他们了解周围的世界，父母们可以指导、引导他们，鼓励他们行动起来，带领他们发现界限并跨过界限。我们不该太过渴望指导孩子们，让孩子们去经历、去犯错也是很好的成长方式。环境权力需要监督和自主权之间的真正平衡。滥用环境权力就是对孩子亦步亦趋，阻止他们犯错。但是，进步就是纠正错误：如果从来没有犯错误的机会，我们就不会知道该做什么来纠正自己的行为，或者完善自己。过度保护不是什么好事儿，孩子们应该去犯错，进而学习、找到正确的方法。

为了有效谈判，家长使用的环境权力应该是孩子所信赖的。如果很难给出建议，孩子就会觉得父母没有经验也没什么本事。

露西就和儿子一起经历过这些。“亚瑟花很多时间上网，我希望这种情况能有所改变。所以每次，他连网的时候，我都信誓旦旦地说，这会花咱们家的钱，我受够了交附加费用给代理商。但是，我对计算机一窍不通，他则立刻向我证明了我说得不对，因为我们家的网是不限时的。简而言之，我没有切中问题要害，我该检讨一下了！（笑）”

你的个人权力

谈判中，个人权力是与个体相关的施加影响的方法。这是一种不公平的权力，因为在这方面，我们本就不平等：有些人很外向，容易和他人建立联系，而有些人则很难树立威望或表现自己。

个人权力和以下参数有关：

- **魅力**：个人自然而然地吸引或影响周围人的能力。
- **仪表**：与自信及环境权力有关。
- **自然权力**：源自个人具有的价值，以及这些价值产生的典范性。
- **个人能量**：身体和精神状态。

我们的个人权力机会不受控制：我们不能改变自己的种族，身体状况以及对社交的喜爱。但是有一些因素是可以改善的，比如通过准备来改善环境适应力，通过睡眠质量和控压能力改善个人能量。

当我们觉得疲惫或者有压力时，我们会失去耐心，也不想花时间去了解发生了什么，进而对找到让所有人满意的解决办法没有了兴趣和动力。

我们还应考虑到个人权力的另一面：在大多数情况下，父母是孩子的榜样。我们的行为、态度、所持有的价值观都是孩子们追随、模仿的对象。我们无法避免成为榜样，而这又涉及我们的影响力：“按我说的做，但别按我做的来。”这一规则几乎只对孩子发生作用。我们只掌握了少数改变个人权力的方法，且这种改变通常需要相当漫长的周期。但是，面对这种权力，我们却拥有着一个极大的优势：对于孩子而言，他们的父母一定是这个世界上最漂亮、最美丽、最强壮的人。

> 教育，就是榜样。
> ——弗朗索瓦·提多

你的关系权力

关系是一切谈判的第一步。如果我们能有效地构建关系，并一直维持着优质的关系，那么关系就会授予我们谈判的权力。创建、维护关系是一种特别强效的施加影响的方法。以真诚、积极的态度来使用关系可以让双方互相学习，共同发展。

关系权力围绕着几个中心展开：

- 与另一方**接近**；
- **想**套近乎；
- **自然的情感同化**，也就是感知对方情绪的能力；
- **特殊技巧**的使用，比如积极倾听[1]。

① 参见第六章。

和孩子们谈判时，我们的关系权力首先依赖于家庭关系，这种关系本就存在，且它使父母成为了最自然的亲子谈判家。

乔治十分感性，因为他了解自己。“我太爱孩子了，我知道这会使我们的关系更加复杂，但是我不在意，事情就是这样。但我也知道开开玩笑：当他们不愿意做我要求的事情的时候，我就对他们说，要是他们不听话，我就不爱他们了。他们当然知道这是假的，但是效果还不错。”

乔治就是这么做的，他将对孩子的爱作为做好事的条件。乔治没有进行谈判，他使用的是情感要挟，这种手法不可能长期有效，并且对于孩子来说，它颇具破坏性。情感权力仍是谈判权里最敏感的权力，因为它太不稳定：激烈的情感和情绪可能会使关系转移到情感过剩和情感滥用。

朋友关系是一种有“风险”的途径。有时，在孩子们长大的那个特定的时刻，我们几乎和他们成为了朋友，就像班级里的同学或者一个大哥哥那么亲近：他们经历了我们经历过的，谈论起成年人的话题，具有进行更广泛的背景调查的能力。但是朋友关系表现出来的权力过剩是危险的，太想利用不适当的亲密关系可能会让父母忽略了自己的地位、教育目的以及孩子的发展。

世界上没有教我们如何成为父母的学校。没有夜校，也没有世代传承的秘密手册。我们应该尝试着运用我们的权力，权力没有魔法，但却让我们找到了最适合教育孩子的方法，那就是使孩子们的成长和责任感具备必不可少的灵活性。

> 对于孩子的心理发展而言，和父母做伙伴儿也是个问题，手牵着手走可以是一种肢体行为，但是若心理上也是如此，我们就无法进步了。
>
> ——克洛德·阿尔莫

然而，还有一个关键点：我们并不是唯一和孩子产生相互作用的人。无论自愿与否，其他人都会参加到他的教育、成长以及由此而来的谈判之中。这些参与者（比如祖父母和班级同学）可能是稳固的同盟，也可能让人倍感受挫，这取决于他们是想参与到谈判策略之中，还是对其发出质疑。将这些人牵涉到谈判之中将会增加或降低我们自身的有效性。

练 习

你对孩子使用哪种谈判权力

1.在你和孩子的上一次谈判中，你主要使用的是哪种权力？

2.你把你的制度权力放在什么样的位置上？

3.你是放手让孩子们自己去经历还是过度使用了环境权力？

4.你认为你的个人权力有效吗？

5.你知道如何运用关系权力却不陷入朋友关系之中吗？

6.你通常会选择其中哪几种方法来加强亲子谈判的有效性？

3

谈判的参与者

所有谈判的基础性原则之一：我们必须知道要和谁打交道，为了什么以及如何谈判。期望目标、关键点、方法和权力都要根据我们所要面对的那个人而定。当我要和狂热分子或者挟持者开展谈判的时候，这真的很困难，因为我们对谈判对象知之甚少，应立刻获取必要情报以掌握可靠的个人资料。和我的孩子们谈判的时候，我觉得情报阶段的事会很容易解决：我很了解他们，几乎天天都看着他们。我知道他们的性格、关键点和爱好……然而，我总是为他们的要求、反应和策略而感到惊讶：他们花时间在谈判上，且深知如何应对所有可能对我们的讨论产生影响的人。

谈判是一个复杂的系统，并非仅限于参与双方的简单关系。除亲子关系外，还应该考虑到其他参与者的或多或少的直接影响和作用，特别是祖父母、班级同学和继父母。还应注意到一些特殊情况：独自抚养孩子的时候该如何谈判？对独生子和非独生子用的是同一种方法吗？怎样管束第一段婚姻时生下的孩子？当我们想去了解我们复杂的谈判系统的时候，这些问题就出现了。

父母

亲权认可了父母在子女教育方面的权利和义务。他们是天生的谈判专家，他们拥有着沉重却甜蜜的负担，那就是要让子女成为全面发展的成年人。但这种法律赋予的平等在现实中存在吗？在爸爸妈妈发起的谈判中，他们是否和孩子一样平等呢？

有关亲子关系中的性别影响研究得出了同样的结论：无论是儿子还是女儿，爱爸爸和爱妈妈都一样多。蒙特利尔大学青少年心理发展实验室主任米歇尔·克莱斯认为："男孩和女孩对爸爸、妈妈的亲近和喜爱几乎是一样的……只是在控制等级上有所不同：女孩们承认自己受父亲的控制更多些。

男人和女人是平等的，但母亲和父亲的角色却是不同的、互补的。

爸爸就是不谈判的人吗

在许多家庭中，爸爸通常被视为制度权力的持有者。长久以来，父亲的形象都以决定权为其特征。爸爸就是说了算的那个人，就是可以强加自己的看法给别人的那个人。或许，这种感觉已经成为1970年法国《民法典》里对亲权的模糊回忆了。

在谈判中存在着一种强制规则：做决定的人不参与谈判。我们可以用诸多原因来解释这条规则。以下是其中最显而易见的几条：

· 如果决策人参与谈判，他就归属于直接关系，无法与目标拉开距离。

· 当对手知道他是在和有决定权的人谈判的时候，他等待的就是一个坚决的决定，决策者就无法把讨论交给其他人。

· 如果决策者参加了谈判，这就说明这是一个重要的议题，对手就有提出过高要求或高估自身能力的倾向，即自我膨胀。

当孩子们认为爸爸是决策者的时候，这些规则同样适用。爸爸可能不是谈判的那个人，但可以明确地说，他是结束一切的那个人。

这一规则是相对的，因为父亲的地位正在快速演变。今时今日，他们不用必须受限于家里的“老板”这一角色。精神分析学家帕特里克·德拉罗什指出了一种变化的表现：“您可以试着问问孩子，家里谁做主。他们总是会回答说‘爸爸妈妈’，而非区分是爸爸还是妈妈。与之伴随而来的就是西方父亲形象的衰落。”权威的代表人对孩子来说十分重要，通常都是由爸爸来担当这一角色。所以和妈妈相比，爸爸谈判的更少。

对于青少年来说，太平易近人，善解人意的爸爸不一定让人安心，尽管他们反对权威，但他们仍需要它。

——南斐法·贝西昂

这对欧也妮来说算是常态，“当我和女儿的谈判陷入僵持之时，她拒绝所有我提出的解决办法，但我有个有力的论据，‘要是我们两个都找不到解决办法，我们就去问问你爸爸的意见’。她知道爸爸不会像我谈这么久，所以这个规则通常能更快地解决问题。”

爸爸是天生的制度权力大师，但也应注意到其他呈现在眼前的权力：环境权力、个人权力和关系权力。有时应该改变自己的语调以便对某些观点做出妥协或加强对其他议题的坚决性。

父亲们，使用你谈判的权力！

妈妈是比爸爸更出色的谈判专家吗

为什么孩子们总是在找爸爸之前，先和妈妈谈判呢？是因为妈妈是更出色的谈判专家，还是她们妥协得更快？许多研究都把谈判中的性别问题作为研究对象，但结果则是相互矛盾的。的确，性别差异是存在的，比如谈判风格，对关系的喜好、耐心。但在有效性这一方面，没有任何证据显示母亲比父亲更具优势。至于谈判风格方面，通常认为，与男性相比，女性更合作，更趋向于塑造和维护谈判中的关系。

孩子的感觉则是不同的，以青少年为例，他们对妈妈就比对爸爸更亲近。蒙特利尔大学亲子研究中心教授米歇尔·克力认为："男孩和女孩都对妈妈更亲近，因为在情感方面，妈妈是家庭的中心人物；孩子们和妈妈们的接触更多，谈话也更亲密。很明显，爸爸在分享时间、共同活动以及谈话的亲密程度方面处于劣势。家庭冲突层面也是如此，子女和妈妈的冲突比跟爸爸的更多。"

妈妈并不是比爸爸更出色的谈判者，但她似乎比爸爸更有可能谈判。不可否认的是，妈妈的关系权力更强，这种强大与她对情感和倾诉的敏感相关。

妈妈们总是那么宽容，她们就是为此而生的。
——大仲马

家长和孩子：一个谈判团队

谈判是一种团队工作，亲子关系亦然。此处涉及了共同抚养的概念：它也可以用来指为了孩子的教育和发展而积极合作的爸爸和妈妈之间的关系。魁北克大学心理教育及心理学系教授迪亚纳·迪博将“共同抚养”的特征描述为：“双方父母在分担家长角色方面，积极的、持久的影响。”这种父母“团队”也可被视为一种儿童权力，自1989年在纽约通过了《国际儿童权力公约》之后，儿童有权保持和父母的关系，即使父母已经离婚。

迪亚纳指出了使共同抚养关系行之有效的三个主要特征：

· 共同分担子女教育方面的家庭责任。
· 从支持父母角色的角度出发，尊重另一方。
· 对孩子的教育和社会化采取共同的价值观和态度。

为了使父母和孩子的谈判有效，父母应该同心协力，统一目标。这包括谈判范围和共同的价值观的统一。我们不能总是协商一致，但在和孩子谈判之前先统一意见是十分重要的。

贝亚特里斯跟蒂博在和孩子谈判的时候总是团结一致。“蒂博和我的性格相反：他更温柔一些，他总在和孩子商量，即使并不是非得这么做，而我倾向于在重要事情方面当个立场坚定的妈妈，但当儿子们来问我们一些事情的时候，这些差别并不妨碍我们一贯地就准备放手的事情达成一致。不管什么事儿，我们都会在谈判之前先讨论一下。如果孩子们突然来央求我们其中一个，我们会毫不犹豫地告诉他们：‘我得和你的爸爸（妈妈）商量一下，然后咱们一起讨论这件事儿。’”

当贝亚特里斯和蒂博从“我”过渡到“我们”的时候，其隐含意是在提醒他们的孩子他们同心协力，一起为他们的教育及由此产生的谈判而努力。

采取共同策略并不意味着父母子女总是要在一起谈判。

假设会出现以下几种情况：

· **共同谈判**：父母双方都坐在桌子旁边，同时与孩子谈判，谈判目标在父母间已经达成一致，并已经告知了孩子。“你妈妈和我处在同一个波段，说话的声音都是一样的。”

· **并行谈判**：父母在不同时间进行谈判：首先是爸爸，然后是妈妈，按时间顺序依次与孩子谈判。目标是共同的，每个人都会强调另一方的谈话。有时，谈判形式可有所不同：“我知道你爸爸说了什么，而且对你来说，这些话不那么顺耳，但是我完全同意他的观点。”举例来说，一方使用了制度权力，另一方则使用环境权力或关系权力，但父母双方的目的一致，不存在任何分歧。

· **交叉谈判**：父母双方并未就谈判的所有要素达成一致，但他们的整体目标一致。在交叉谈判中，一方要作为孩子和另一方的调停者。为了使谈判有效，父母之间的意见分歧应是较小的。注意谎言和假分歧，因为它们让孩子们相信自己已经得到了父母的让步：人们很难自信满满地撒谎。而且这也不利于构建信任的气氛。

在交叉谈判中，
爸爸唱白脸，妈妈唱红脸！

当爸爸和妈妈的谈判策略和目标不和之时，孩子们绝不会错过迅速介入间隙进并利用父母之间有分歧的好机会。如果存在着不和，父母应该在和孩子讨论之前就要考虑妥当，比如这一不和涉及交叉谈判或者这小小的不和本就是谈判策略的一部分。

如果没有稳定的团队该怎么办：单亲家庭

1970年起，单亲家庭的数量大幅增加。
2011年，法国44.7%的婚姻都以离婚收场。法国统计及经济

研究所将单亲家庭定义为一个仅有一个家长带着一个或几个单身孩子的家庭。85%的单亲家庭都是一个妈妈带着几个孩子。在280万25岁以下的孩子中，有17.7%的孩子都生活在单亲家庭里。而在1968年，这个比例仅为7.7%。

一方家长的缺失影响了亲子谈判的形式，但其总体原则不会变。

三种主要的假设情况：父母离婚了，但是双方都出现且同心协力；父母离婚了，双方都出现但各自建立的规则不同；一方出现，另一方则彻底缺席。

· **当父母离婚之后，双方却仍都出现在孩子的教育中时，**团队协作应该仍保持之前的所有力度。每次，父母双方应该征求彼此的意见，这对理清另一方所使用的策略来说，十分必要。

“我给你打电话是因为亚瑟想在开学的时候买一部手机。我觉得他还是太小了。他举出了几个不错的理由来说服我，但是我希望能等到年底再解决这件事；你同意我的看法吗？”

向孩子展示出父母一方对另一方的尊重十分必要：他们分开了，离婚了，过着两种不同的生活，但是他们尊重彼此的观点以及彼此在子女教育方面的作用。这种尊重还应扩展到实施对方的决定上，即使对方并不认同它们。

如果孩子感觉到父母之间存在意见分歧或质疑对方的决定，他就会利用这种间隙为自己谋利。再次重申，在一个团队中，父母应该互相交流以确定彼此的立场：

“我不认同你上周处罚泰奥的做法，我觉得相对于他做的傻事，这个惩罚太严厉了。但这周末他和我在一起的时候，我还是会实施这个惩罚，让他看到我们是团结一致的，这点很重要。下一次，我希望我们能一起谈谈。”

当人们痛苦地分开之后，总是很难保持着和“前任”的良好关系。但对孩子的教育以及协商一致的引导值得我们去努力，这是为了孩子好。

· **当离异的父母仍双双出现在孩子的教育之中，但每个人都有不同的生活规则的时候，**情况就更复杂了。每一位家长最好都能尊重另一方的规则，这强制了孩子在每次换家庭的时候，都会“再次校准”自己的行为，且没有哪个生活楷模凌驾在另一方之上。然而值得注意的是，孩子们可以轻松地“在间隙中玩耍”，也就是告诉每个家长这一方禁止什么，另一方同意什么。在这种情况下，家长之间相互沟通，澄清灰色地带是大有裨益的。

最糟糕的情况就是离婚后，一方贬低另一方的生活方式。这种情况对于那些还不知道什么可以做，什么绝对不该做的孩子产生极大的破坏作用："不可以谈判的事情"总是在变，每一方都在维护自己楷模形象的同时摧毁另一方的。想长期控制这种情形是极难的。其他参与者，比如祖父母会显示其重要性进而保护孩子。

· **当父母双方只有一位参与到孩子的教育中时，比如寡居或者另一位家长切断了和孩子的一切联系，**一个人就得承担起所有的责任：不断地将制度权力、环境权力、个人权力和关系权力组合在一起，这就把一个单亲家长变成了一个真正的多面手。

> 尽管他不在，我们还是应该提到他，让他存在在孩子的脑海中。
> ——尚塔尔·德·科比埃尔

这是一项很艰难的工作；很多案例都可以证实这一点。但是缺席的家长也可以间接地参与到孩子的教育中来。

"如果你爸爸在，他会跟你说：你这样做会令人失望。他会同意我做出的决定，也就是说禁止你晚上八点后出门。"

重组家庭：继父/母如何与孩子谈判

离婚的数量上升了，重组家庭的数量也增加了。约600000人和新配偶带来的未成年子女生活在一起。这种重组家庭通常包括了4个以上异父/母兄弟、姐妹，他们占法国家庭总数的7.7%。

继父/母在和继子女的谈判中所扮演的角色大概是最艰巨的任务了。**他们既想保护和孩子的关系，又想保护和配偶的关系**。这种双重束缚限制了继父/母，且使他/她的位置变得十分敏感。

卡洛琳娜经常要照顾她丈夫的两个孩子，他们来自他的第一段婚姻。“他们对我很友善，但我感觉到我对他们没有任何权力。当我让他们做事，而他们不听话的时候，我都不敢惩罚他们。有一天，其中一个对我说：‘无论如何，你都不是我妈妈。’我不敢告诉我丈夫，因为对我来说，让他去代替我惩罚孩子是很丢脸的事儿。今时今日，让我还觉得更丢脸的事儿就是他们不肯服从我。”

继父/母能够拥有规定的权力，但实际上拥有的仅仅是脆弱的制度权力。和孩子父母建立好游戏规则可以让另一半夺回一点儿权力，应该在父母双方都在的时候，很清楚地将这些规则告诉给孩子。

“玛丽不是你的妈妈，也取代不了她，但她之所以在这里，也是为了你的教育，就像我、像你妈妈那样。你应该尊重她对你说的话和提出的要求，就像尊重我对你说的话，和你妈妈对你提出的要求一样。”

继父／母可以通过其他权力来补偿其脆弱的制度权力，特别是关系权力。但是需要注意，切莫陷入不恰当的伙伴关系之中，这可能会让人觉得为难。

保罗和继子的关系很好。“我和本杰明相处得很好，我们十分亲近，通常我都充当着知己的角色。有一天，他向我承认自己做了很糟糕的事情，而且对我说，除了我之外，他不能和任何人说这件事。我感到很为难，也不知道该做什么。今天，我很后悔没跟他妈妈说，因为本杰明又开始这么做了，而且被人抓住了，这样的结果会给他的学业带来极其负面的影响。”

成为继子／女的知己重新赋予了家长谈判的权力：我们是有默契的，处在信任的氛围中的，这样就建立起了关系权力。但我们不应该全盘接受，以免这种友善的融洽变成了令人为难的契合。

“我想真诚地告诉你：我一点儿都不想向你爸爸揭发你或者告诉他你刚刚对我说的真心话。但是我不想对他撒谎，你做的这些事可能会造成严重的后果，所以我需要你向他坦白你的所作所为。”

默契也表现为诚实和透明度。

孩子

孩子是父母爱情的结晶，是我们家长关注的焦点，他们让我们如痴如狂，让我们变成过分顽固的傻瓜。通常他们使用无意识的方法来谈判，并未真正意识到自己的厉害之处……除非父母们动摇了并允诺了他们的要求！

我的孩子是独生子女

1940年以来，有关独生子女的思考和讨论给许多文章和作品提供了素材。二战以后，法国需增加人口，抚养独生子女并不太受欢迎。1950年，弗朗索瓦兹·多尔多宣称："当他们长大之后，独生子女就将成为过多言语、过分敏感的人……到了15岁或16岁，我们是根据学业的角度来看待精英的问题，完全不是从人类交流的角度出发。"心理学家让·皮埃尔·阿尔莫多瓦尔指出，今天，我们发现许多对独生子女的评论仍是基于道德上的判断而非科学依据。

独生子女是其父母关注、爱护的主要目标。这种状态会改变谈判的影响，因为这样的关系对情感更敏感，而且父母们没有和兄弟姐妹谈判的经验。此外，在所有的兄弟姐妹中，某些规定行为可以通过其他孩子的先例来佐证。对于独生子女，规则也是独一无二的。

波拉有个12岁的擅长谈判的独生子。"他知道我爱他胜过一切，所他总是利用这一点。他是我唯一的孩子，我没有证据来反驳他，要是他有个哥哥，有个我先抚养了的哥哥的话，我就有可以参考的了。他总是不断地重提已经决定了的事儿。幸运的是，他爸爸扮演了神庙守护者的角色，能把我们从过于情绪化的关系中拉出来。尽管他对孩子的爱和我一样多，他还是能拉开距离……但是他不愿意承认这一点！（笑）"

单亲妈妈和独生子的谈判可能是最成问题的，妈妈把全部身心都奉献给了孩子，而后者有时则会表现得像家里的男主人一样。通常这种无恶意的表现指的是孩子下意识地想掌握制度权力的意愿，但该权力一般是属于父亲的，这种情况可能会因角色混乱而扭曲了母子谈判。极其重要的一点在于，尽管妈妈独自养育子女，孩子仍应该回归子女本色，服从妈妈的权威。

来吧，兄弟姐妹们

家长们要结成一队开展谈判，但有时他们要面对的是另一个团队：兄弟姐妹。兄弟姐妹之间经常急躁地争吵、对彼此大喊大叫，但共同面对父母的时候他们的反应还是很快的。

亨利是5个孩子的爸爸，孩子们从6岁到17岁不等。“我需要花时间来摧毁这个团伙。当我训斥其中一个小不点儿的时候，大点儿的孩子就会来救援，充当调停人，这很少是善意之举。当我和大一点的孩子谈判的时候，小不点儿们就可怜兮兮地看着我。这太糟糕了。为了摆脱这种状况，我们建立了适用于所有孩子的规则。这些规则是不变的，没有商量余地的。至少，在某些问题上，我是对的！”（笑）

兄弟姐妹是孩子发展的因素之一：它为孩子提供了与他人相比较的机会，它依据身份和年龄扮演着不同的角色，它疏导了孩子们的失望。简而言之，它就是社会生活的缩影。

兄弟姐妹在孩子的充分发展中起到了决定性的作用。
——唐韦德·温尼科特

当我们和一个有兄弟姐妹的孩子谈判时，**尊重领头的孩子和制定适合所有孩子的规则是十分重要的**。不要区别对待，除非他们之间存在着明显的不同（比如年龄）。对于其中一个来说不能谈判的事儿，对其他孩子来说也是不能谈判的[1]，若非如此，就应给出十分清楚明白的解释：

① 参见第四章。

“你哥哥可以自由安排时间做作业，是因为他已经上初中了，他跟你的学习方式不同。”

尽管已经小心翼翼，我们还是应该注意到不公平的感觉会导致孩子表现出糟糕的行为。这是一种十分私人的感受，家长们应该特别注意给予只叙事而不加评论的说明，以解释孩子间的区别对待。

我们应该接受兄弟姐妹间建立起来的反家长同盟，这种同谋关系加深了手足情谊。在和其中一个孩子谈判的时候，最主要的就是不要采取分化策略，我们绝不应该唆使一方去反对另一方。这将打下不公平和失去信心的烙印。当所有的兄弟姐妹为了同一个目标团结一致的时候，有时甚至应该巧妙地退让一点儿，进而加深他们彼此间的信任和团队精神。

成对的关系是如何运作的

母女、父子间可能存在的特殊关系引起了社会心理学研究人员的许多思考。某些源自精神分析的研究证明了这样一个事实：同性家长和孩子之间的冲突更频繁、更多。离俄狄浦斯情结不远了……其他研究指出同性别的家长和孩子并没表现出更多问题。

马克很难管住他17岁的女儿苏菲。“和苏菲在一起的时候，我不知道该如何给自己定位。她从一个总是搂着爸爸的小女孩儿变成了一个经常和我起冲突的青少年。我们真的很难沟通，通常都是由她妈妈来解决问题。我无法理解她的行为，这让我很恼火，每次我们都会遇到错综复杂的事情。我真的感觉自己笨手笨脚的……”

情感同化就是感受另一方情感的能力，也是构建关系乃至谈判基础的工具之一。当马克无法表达自己的感受或者向苏菲证明自己了解她的感受的时候，他就没能为有效讨论构建必要的关系，而这将导致冲突发生。

祖父母

今天，祖父母越来越多地出现在孩子身边。1960年，仅有5%的孩子在出生时还拥有4位健在的祖父母。1990年，这一比例就达到了61%。

在法国，有超过1300万的祖父母，其中有200万还是曾祖父母。

人们越来越早地成为了祖父母：在56岁的人中，有1/2的人至少有一个孙子/孙女。这些年轻的祖父母是亲子谈判中的重要参与者，他们并非总能轻易地找到自己的正确位置。

为什么爷爷和奶奶让谈判变得困难起来

祖孙关系是特别的，他们共度的时光通常是享有特权的时刻，假期、周末或者父母不在的时候。一般来说，爷爷奶奶是我们首选的儿童保姆。在这段共享的时间里，各种各样的活动通常是最有趣的：园艺、干零活、游戏、散步、钓鱼……祖孙关系中权力的概念和亲子关系中权力的概念有所不同。

伊娃很难和她的妈妈建立起针对孩子的共同规则。“当我把孩子放在父母那儿的时候，我清清楚楚地知道会发生什么：孩子们可以做所有我禁止的事情：看电视看到很晚、在长沙发上吃东西、吃很多糖……把他们带回来之后，我又得采取严厉措施。我跟妈妈说过好几次了，我提醒她当我还是个孩子的时候，她完全不允许我做这些事。她一成不变地回答我：“祖母就是这样的！”讨论终止。她或许是对的，但是对我来说，这太难控制了……”

在祖父母那儿度过的时光也可能是叛逆的时刻：孩子们有权做一些他们在别处不能做的事儿。爷爷奶奶是同谋也是知己，而且是有益的同谋，他们允许孩子们触碰禁忌，宁可接受小小的越界也不愿意毁灭信任契约[1]。

> 亲爱的爷爷：“你努力将好的行为习惯反复灌输给孩子，同时也将坏习惯教给了他们。”
> ——格勒农和古皮，连环漫画作者。

在祖孙关系中，有时会存在着一种顽固的愿望——过分地想介入到孙辈的教育中。很难定

① 参见第四章。

义每一方的角色通常是冲突的导火索，因为祖父母可能不同意孩子的爸爸妈妈的教育方式。

这种意见的分歧，是不同时代的产物，是完全合情合理的。不过我们不应该在孩子面前对其进行价值判断，因为这是在质疑父母的权威以及他们的谈判力。

可以共享的谈判范围

父母的角色和祖父母的角色是互补的，在任何情况下都是合作的。每一方都以自己的方式参与到孩子的发展中，且在谈判中互相影响。

> 爷爷之所以和孙子/孙女相处得那么好，是因为对于后者而言，生活还没有那么严肃，对于祖父母来说，也是如此。
>
> ——特里斯坦·伯纳德

孩子们很清楚地知道他们可以从爷爷奶奶那儿得到一些东西，而这些东西在爸爸妈妈那儿是得不到的。

为了维护孩子的利益，我们应该确定一个谈判范围，它要比和爸爸妈妈谈判的范围更广，但它应该是稳定的：我们可以接受某些违规，但必须定义出“绝对不可谈判”[1]的范围：信任、孩子的安全、价值观等等。

---

① 参见第四章。

这种共享的范围使我们能够通过掌握共同的行动方针来尊重每一方的领地，孩子们也可以据此来安排自己的个人范围。

劳伦定期将三个孩子托付给她的母亲。“和所有的祖母一样，她比我更温柔，但我们已经在决不能商量的事情上达成一致了。问题在于，孩子们到祖母家之后，就以为一切又回到原点了：‘爸爸会让我这么做的！’或者‘要是和妈妈在一起，我就有权这么做！’为了避免这些问题，我们一起做决定并且将不能谈判的事情写下来，在爸爸妈妈那儿不能谈判的，在祖母这儿也不能。在必要的时候，她可以用这张清单来提醒孩子们。”

某些事是可以在爷爷奶奶那儿做，但不能在爸爸妈妈那儿做的。对比一下孩子在祖父母那儿和父母那儿有权做的以及无权做的事会使我们更加明确“授权入侵区域”的界限。

孩子们有权做的或无权做的	在祖父母那儿	在爸爸妈妈那儿
看电视直到……		
在正餐以外吃东西		
早上……点起床		
夜不归宿直至……		
去朋友家住宿		
吃糖		
……		

注意“重新谈判”！某些家长的决定并不能让孩子们满意，后者就会为了重新考虑这一决定而转投祖父母。这种恢复谈判属于爷爷、奶奶和孙子／孙女之间的“特别同谋”，但它不应该经常出现，以免削弱父母的决策权，也不该涉及“决不谈判[①]”的内容，以防弄乱谈判规则。

① 参见第四章。

朋友

家庭概念的扩大化将其他参与者纳入首轮亲子谈判[①]之中。为了平衡各方意见，我们可以分别观察班级同学和家庭的朋友。这两方都会给谈判带来影响，这种影响可能是正面的，也可能是负面的。

同学是父母的同盟还是对手

对孩子来说，融入到朋友的群体之中是十分重要的：班级上的伙伴儿、运动俱乐部的会员、童子军……从属于一个团体和认识其他人也是个人自主发展以及群体生活教育的一部分。同样，孩子们为了解决冲突或在日常生活，特别是学校生活中达到妥协而试着和这些人开展了最初的谈判。

“可是我的伙伴儿，他们就能这么做！”

孩子们经常拿自己的情况和同伴们的情况做比较。而且别人的情况总

① 参见第四章。

是更好。

“卢卡斯，他就有权晚上看电视，想什么时候睡就什么时候睡，而且早上也不觉得累。”

面对这些争论，应该划清范围，提醒孩子你才是最有资格制定自家游戏规则的人：

“如果卢卡斯有权这么做，那是他父母的问题。在我这儿，20：30之后你就不能看电视，得去睡觉。”

如果卢卡斯对你的孩子撒谎了，你就赢了。如果卢卡斯真有看电视和晚睡的权力，这种比较就会使你陷入困境。同样需要注意的是，如果你不想打电话，就别威胁孩子你要这么做：在谈判当中，我们只在输得起的时候撒谎。如果你威胁孩子要做些什么，就得坚持到底。如果你不能承担，就会失去你的可信度，孩子就会知道你说的是没有实际效果的空话。

家庭的朋友是真正的朋友吗

经常和孩子接触的家庭，朋友也是谈判的参与者。和祖父母一样对谈判有不同看法，只是朋友可以比父母更温和。通常，他们会出现在放松的时刻成为正面的或负面的参照标准。

弗朗索瓦有个比自己更“酷”的朋友。“我有个一起长大的朋友——格列瓦，他经常带着孩子来我家。在对儿子的教育方面，他实在很宽容，而这就引起了我和我的孩子们之间的问题，因为他们不停地对我说他们喜欢格列瓦，他信任自己的孩子，总是对他们的要求说‘好’，而我太严肃了，对他们过分保护。我没觉得自己对他们很严厉，但我有我自己坚持的原则，我的朋友格列瓦则不是这样。”

有关教育方法以及朋友的谈判方式的比较和我们刚刚提到的——跟孩子同学的比较相类似。同样的效果，同样的争论：

“格列瓦想怎么对他的孩子就怎么做，但是我才是这个家里制定规则的人。”

“我们的规则”这一暗示提醒孩子们，规则是适用于所有人的，是家庭共同体的支柱之一。

有时，朋友也可以作为我们在亲子谈判中使用的范例。通常，他们和孩子的父母具有相同的价值观，他们对孩子的喜爱也是一种不容忽视的谈判权力。

十多年前，斯特凡就成为了一个家庭的朋友。作为他们的邻居，他和朋友的孩子们一起度过了许多时光。“我有点儿像这个家庭的一份子，即使是跟我在一起，大家也会做不少傻事！（笑）我对这个家庭的长子维克多有着特殊的影响，他想跟我的孩子从事一样的职业。我很注意不去打乱和他爸爸的平衡，维克多不知道的是，我了解针对他的游戏规则。我知道在什么事上可以让他违规，在什么事上不能。我和他的父母拥有相同的生活价值观；顺便说一句，这也是我们之所以成为朋友的原因。”

许多参与者都跟孩子互相影响，并且改变了亲子谈判的规则。重要的是，要和受你影响的参与者分享游戏规则以及你跟孩子建立起的谈判范围，其目的是决不对不能谈判的事情妥协。这种范围确定了所有参与者的谈判规则，同时接受了每个人都有其不同世界观的事实，为了孩子的利益和未来发展建立起一个稳固的、共同的基础。

自我诊断

谈判是一项团队工作吗

根据第一直觉回答如下问题，在1～10的空格内做标记

（1：这并非我的情况——10：这简直就是我）

	1	2	3	4	5	6	7	8	9	10
在和孩子谈判前，你会和你的配偶交换意见。										
你可以接受这个事实：“不可谈判的事”在祖父母那儿会有所不同。										
你知道你孩子的最好的朋友的名字。										
你的朋友会影响你的孩子。										
你认为爸爸和妈妈的谈判方式不同。										
在亲子谈判中，父母之间存在着一种互补性。										
祖父母应与谈判范围的确定相关。										
尽管分开了，父母仍应为了孩子而建立起共同的规则。										
如果你周围亲近的人质疑游戏的规则，你能谈妥。										
你可以接受孩子们团结在一起和你谈判。										
你从不公开质疑配偶的决定。										

结果：空格7～10指的是你的团队协作及将所有参与者纳入到你的谈判策略中的能力。空格4～6指的是在考虑其他谈判参与者的能力这一方面你可以改善的地方。空格1～3指的是你可以改善的地方以及下次谈判时需要注意的问题。

4

亲子谈判框架

（可谈判的/不可谈判的）

谈判是一个有组织的过程，不管在什么背景或环境下，都符合系统性逻辑。社会谈判、危机谈判、家庭谈判都依据前后呼应的阶段而展开。

这一过程是建立在谈判框架的基础之上的，而谈判框架是由两方面构成的：参与方的共同参照系以及每一方都为了有效谈判而接受的、可实施的谈判规则。

确定谈判框架

要想好好谈判，必须把道理理清！

在亲子谈判中，谈判框架是必不可少的。它使人们有了共同的讨论基础，同时考虑到了必然不同的参照系：孩子们和家长们看待世界的方式是不同的。

如果没有规则，这就不是谈判，而仅仅是讨论。

有效的谈判应在共同范围内进行，每一方都知道另一方的不同观点，但接受共同规则和必经阶段：对问题的表述、每一方的定位、明确可以谈判的和不能谈判的、互相倾听、信任、尊重对方、争论……

有效谈判的规则通常是有道理的，经常提一提它是没什么坏处的。

参照元素：PACIFICAT[①]

这一参考元素来源于我进行危机谈判的那几年，且适用于大部分的复杂谈判的情况。它并不提供什么答案，而是提出问题，通过回答这些问题，我们就能够梳理准备、引导以及停止谈判的脉络与进度。

P——谈判权力：在这种情况下用哪个权力？

A——背景分析：关键点、目的和参与者的权力是什么？

C——参与者身份：谁影响了谈判？

I——确定策略：在这种情况下可以谈判的和不可谈判的。

F——形成团队：该通过谁来进行有效谈判？

I——影响：如何构建、维护有效关系？

C——停止：做出决定并让别人接受它。

A——学习经验：有实效的部分和所犯的错误是什么？

T——传播知识：要记住谈判中的哪些事情以便为之后的谈判做准备？

起初，谈判的范围是由参与者的参照系构成的，是一个随着时间、谈判期间内的妥协、参与者的判断力而不断发展、变化的系统。范围越广，谈判就越复杂，因为谈判需要建立一个具备共同目标的共同范围，当参与者们过于不同的时候，这个范围必须是非常窄的。

---

① 作者创造出这一元素的最初目的是在复杂谈判中协助己方的谈判者。今日，它已被应用于各种各样的领域，如商业谈判、医患关系或者亲子谈判。

“波拉无法和孩子谈判。每次我试着和孩子谈判，特别是为了生活细节，比如家务活的时候，我就纠缠在无止境的讨论之中了。我们停滞不前，改变话题，我认为他是存心扰乱我的，而且他做得不错。”

和孩子谈判的时候，我们要面对的是一个难以理解，但不一定复杂的谈判框架：在理解孩子的谈判框架这方面，我们还略存幸运：我们很了解他们，所以能预料到他们的期待、重点和目标。明确谈判框架，也是为了避免产生误解、错误的感觉和潜在的冲突。

将复杂的、难以理解的系统进行比较和分析是一件有意思的事情。法国当代哲学家、社会学家埃德加·莫兰关于这一主题的许多作品也开阔了极有趣的视野。难以理解的情况是一种由许多参数组成的情况，这些参数是可感知的，可预见的，我们了解它们之间的互动。难以理解的系统是一种我们可以为其建立理论模型，可能使之合理化的系统；埃德加·莫兰认为合理化就是将真实性局限在严密的系统之中。

复杂的情况也是由大量参数组成的，但我们可以预见到它们之间全部的互动、后果以及后果的后果。我们不仅要为复杂的系统建立理论模型，而且要考虑到很多的偶然性和不确定性。

谈判框架以使参与方之间的交流合理化为目的，为的是让关系在复杂的环境中得到发展，同时减少可能的不确定性以及复杂性的根源。这一范围的规则以使不同的参照系结合在一起为其特点，这些规则应为参与方了解、接受以便完全发挥效用。

在感知和现实之间，每个人都有自己的世界观

我们用自己的读取系统来感知周围的世界。感知是一种心理上的经历，以我们的感官为媒介将我们和周围的环境连接在一起。参照系，帮助我们判断世界，是谈判的重要组成部分，因为它会影响我们和他人的关系。

地图并不是领土。
——阿尔弗雷德·科尔兹布斯基

普通语义学理论家及神经语言程序学创见者阿尔弗雷德·科尔兹布斯基提出个体用自己的系统解读世界的理论。我们感知到的现实并不是现实本身，打比方来说，地图并不是领土。许多冲突都是因混淆了地图和领土，或者不接受其他地图而产生的。我们的感知是主观的，并不存在着好地图或者坏地图，对于一个人来说真实的东西对于另一人来说不一定如此，因为每个人都是不同的。在一场冲突中，每个人都觉得自己有道理，因为对他来说，自己的参照系是最恰当的。

和孩子谈判的时候，意识到参照系的不同是十分重要的，他们眼中的世界和我们的不同，如果我们希望他们能接受我们的要求，首先，我

们要了解他们是如何感知现实的；倾听和关系质量有助于此[①]。

谈判要素源自于参照系：时间的概念、冲突的关键元素以及每个人的目标，都与我们对世界的感知紧密相连。谈判框架有助于理清这些要素。

因为不了解儿子的参照系和在这种情况下的关键点，马克没能成功地和儿子谈判。“那天晚上，我在马泰奥，我7岁的儿子面前犯了错。朋友们应邀来家里做客，其中有一个叫恩佐的孩子跟他一样大。我们共进晚餐。晚饭结束的时候，我要求马泰奥去刷牙。这一晚上都好好的，但他突然拒绝了这一要求。我又要求了他一次，他生硬地说‘不’，然后就开始掉眼泪，我提高了嗓门，他就开始哭了，随后我把他送回了他的卧室。让他刷牙这事从没出现过什么问题，但却在这一次成了直接冲突。我们的朋友离开之后，我过去看看他，抱抱他，他还没睡觉，很明显，他在等待我的拥抱。最后我明白了：每天晚上，他刷牙之后就去睡觉。今晚，他以为还是这样，但他又不想睡觉，因为恩佐还在熬夜呢。我用我的眼睛去观察大家，却没有试着从他的角度去思考。马泰奥看到的重点，当时我没能理解——他要向恩佐证明他也是个大孩子了，他不会比恩佐早睡。”

① 参见第六章。

澄清权利和义务的观念，是父母子女间交换观念，展示自我感知的有效途径。如果孩子已经有了一定判断力，可以试着开启他的这一观念认知能力。这对于更新孩子的自我参照系统，明了可做和不可做事情之间的界限是有益处的。

在创造共同的理解范围前，重要的是接受、理解，并拥有和你不同的参照系的另一方的观点。

对他人的理解不是与生俱来的，有时，我们需要去学习，去努力信赖他人。每个人都根据自己的参照系来评价、感知现实，但我们都深信自己的参照系就是好的。

孩子的参照系由两部分构成：一部分是受家长控制的（家庭参数），另一部分是当孩子不和家长生活在一起时，少受或者不受家长控制的（家庭外参数）。

参照系的家庭参数：

· 我们提供的**教育**、生活、礼仪及社会生活规则。

· 我们通过语言和行动维护的**价值观**。

· 使家庭得以发展的**文化**。

参照系的家庭外参数：

· 小学、初中、高中提供的**教育**

· **指定的集体经验**：体育、文化及艺术活动
· **非指定的经验**：和同学自检的交流、偶遇、从属于某一参照组……
· 通过**传媒**、**新闻报刊**、**电影**来感知世界。

夏娃觉得她和孩子生活在不同的世界里。“我很明白我们不是同一时代的人，但我不知道这是怎么回事。比如说，有些事情是他自然而然就可以做的，比如监督他的小妹妹。可是当我叫他做这些事的时候，他的反应如此巨大，好像我要求他做的是不可能完成的事情。他瞪着大眼睛，看着我，就好像我是让他去摘天上的月亮似的。上周，他问我能不能去他的“小女朋友”那儿住。我对他说“不”，这是理所当然的事情，他才13岁，还没到做这种事儿的年龄。他却说他的小伙伴都有小女朋友这在班级里是公开了的事儿。我向另一个妈妈询问情况，她对我说：“哦，是的，我有时会允许他去女朋友那里住。这是他们的时代了，我们应该与时俱进。”我完全惊呆了！现在，我得问问自己，错的那个是不是我？”

建立一个谈判框架，并不是让一方放弃自己的参照系来适应另一方，否则就成了屈从。建立共同框架，是接受并了解另一方的参照系，以构建谈判和交流的共同基础。

练　习

每个人有每个人的参照系

为了理解我们的感知是不同的这一点，请你向你身边的其他父母提这些问题，比较你和他们的答案。

1.教育孩子的意思是什么？

2.定义你对孩子行使的权力。

3.你和自己的孩子谈判吗？

4.几岁可以开始用移动电话？

5.你的女儿几岁可以开始化妆？

6.你传输给孩子的四条主要价值观是什么？

7.你的孩子的权力和义务是什么？

自我诊断

你有谈判框架吗

根据第一直觉回答如下问题，在1～10的空格内做标记。

（1：这不是我的情况——10：这简直就是我）

	1	2	3	4	5	6	7	8	9	10
在日常生活中，我认为常识很重要。										
准备工作可以减少不确定性。										
我知道我想向孩子们传达什么样的价值观。										
我认为每个人都从自己的角度来看世界。										
在对孩子的教育中，我很清楚地知道什么是绝对不能谈判的。										
和孩子谈判的时候，我知道什么是可以轻易放弃的。										
有必要的时候我会说“不”，即使这让我不高兴。										
我会和身边的人分享我的价值观。										
我确定了开展谈判的步骤，而且掌握着谈判的规矩。										
和孩子谈判的时候，我能够区分表达出来的要求和真实意图。										
我能很清楚地介绍和孩子谈判时所采用的规则。										
谈判的时候，我从不撒谎。										
对于重要的事情，我从不夸张。										

结果：空格1～10，指的是你确定谈判框架的能力。空格4～6指的是为了使你变得更有效力而需完善的着力点。空格1～3指的是你需要改善的地方以及建立谈判框架时需要注意的问题。

可谈判的和不可谈判的

在谈判中，共同参照系的第一要素就是确定可谈判的和不可谈判的界限与标准。

是我们的就是我们的，是我们的就是可以谈判的。
——尼基塔·谢尔盖耶维奇

什么是我们可以谈论、讨价还价、争吵的，什么是决不能成为谈判目标的？

参照系会影响对可谈判的事情和不可谈判的事情的看法。孩子们并不是总具备必要的判断力，他们或许不知道什么是可谈判的、什么是不能的。这要求我们在谈判前讨论可谈判与不可谈判的事情，相互对立的两方面确定了谈判的范围以及不可逾越的界限。

玛丽和她的六个孩子们就弄清楚了什么是不可谈判的。“我们是一个法国南部家庭，经常围坐在桌子旁边讨论。很多事情都可以成为我们长期谈判的目标：谁来收拾桌子，谁第一个用浴室，谁去扔垃圾，谁带狗狗散步……孩子们一直在谈判，我的朋友们都觉得这很好笑。但是有一些问题是我们不去谈判的，而且没人会再提这一原则。其中一个话题就是一起吃饭。我们一家人总是坐在同一个桌子旁，在同一个时间一起吃饭。我们可以讨论一下菜谱，有的人可以不吃某些菜，但是没有人会要求提前或推后吃，当大家都在屋子里的时候，也不会有人提出来要去花园里吃，或者还没吃完就离桌了。这看起来是无关紧要的，但这是决不讨论的，这对我们所有人来说很重要。”

	可谈判的	例外情况	不可谈判的
和家庭里其他孩子的关系			
和班级同学的关系			
在家里的日常行为			
整理卧室和游戏室			
起床、吃饭、睡觉的时间表			
……			
……			
……			

我们可以逐步增加可谈判的和不可谈判的事情：有些主题是我们一直可以谈判的，有一些视情况而定，还有一些是不可谈判的。讨论这些对于确立家庭价值观，营造和谐的家庭环境，引导孩童规矩生活，养成良好习惯具有重要意义。

不可谈判的事情可以根据孩子本身的参数而有所改变：

· **时间**：孩子长大之后，不可谈判的主体就改变了。到了某个年龄，孩子们就可以独自晚上出门，可以回来得更晚了……

· **他的成熟度**：一个理性的，能意识到危险的孩子可以拒绝不可谈判的事情：开车去学校，看电视看到稍晚的时候……

· **他的态度**：当孩子们尊重规则且值得父母们信任的时候，他可以获得某些话题的谈判权。

不可谈判的主题也可以根据情况而改变：

· **参与者**：我们都知道在祖父母那儿，不可谈判的主题会有变化。重要的是，那些共同规则里的内容。

· **地点**：在某些地方，不可谈判的主题可以是特殊讨论的目标。在造访安全地点的时候，考虑到该场所的布局，不能独自散步的孩子有可能独自散步。

· **背景：**比如，假期就是一个新规则以及“有限违规”的特权时刻。

不管变化的动机和不能谈判的主题是什么，重要的是要告诉孩子为什么情况会有变化，以及为什么我们同意这种例外的或长期的变化。

决不能谈判的

在你家里，什么事是决不能谈判的？

不管背景、年龄、孩子的成熟度及地点是怎样的，有些话题都是决不谈判的。每一个家庭，在价值观、文化、教育以及“神圣的”主题上，都是不可触碰的，且不为任何人质疑的。

要将不可谈判的主题加以明确，形成列表，并要加上解释，让家庭中的每一个成员理解我们不能质疑这些主题的原因所在。

练 习

决不能谈判

将你决不能谈判的主题填入到下表中。

做到“持之以恒”

区分可谈判的以及不可谈判的主题应该是透明的、公开的，因为孩子们无法理解那些不清不楚的、模糊的规则。

可谈判与不可谈判的主题也要保持一致性和持久性。

苏菲是一个离异母亲，很难控制她的儿子。“我无法坚持那些敏感话题。起初，我特别严厉，但是他不断地旧事重提，过了一段时间我就动摇了，因为几个小时的讨论让我恼火。当我回来很晚、觉得很累的时候，我知道我是脆弱的，倾向于让他放任自流。幸运的是，我还有我爸爸，他对我的儿子影响很深，他可以弥补我缺失的那部分尊严。但他只是他的外公，我应该更严厉一些。”

从案例中可以看出，一致性和持续性可以在家庭成员中彼此分担，尤其是和孩子谈判的参与者们分担。

· **爸爸或者妈妈：** 每个家长的立场都应该是坚定的。如果宣布了一项不能讨论的主题，但最终为了妥协又回到这个主题上，就会失去家长的可信性。并且，在孩子的小脑瓜里，所有的事情都变成可谈判的了。

· **爸爸妈妈一起：** 在前面我们已经介绍过可谈判的和不可谈判的都属

于团队工作的范围。父母应该对有分歧的事情达成一致，以免将怀疑的种子播撒在孩子脑海中，或者给他不断重提不可谈判的事情的机会。

· **祖父母：**祖父母具有和父母相同的权力。应该对可谈判的事情和决不谈判的事情保持一致。当不可谈判的事情在祖父母那儿有所不同的时候，应该事先和父母澄清一下。

· **所有对亲子谈判产生影响的人：**比如，和父母价值观不同的家庭和朋友。重要的是让他们明白，即便他们不是以个人名义加入其中的，为了他们好，某些话题也不能和孩子谈判。

如果孩子们质疑父母们坚持到底的能力，那就输了！

共同创造谈判过程

在社会谈判中，一些公司和其员工代表建立了共同商定的流程，规定应在所有的冲突之前，要先开展谈判以避免借助罢工的手段来解决问题。

这个想法也适用于和孩子们的谈判吗？在所有的冲突爆发之前，我们总是可以试着和孩子们谈判吗？谈判流程是一种规矩，它能够将无意识的闲谈和讨论过渡到严肃的谈判中。流程也让参与方提出的谈判规则再度活跃起来：**我们谈判的时候，就得遵守规则**。

创造一个共同谈判地方

> 所有的家庭都是深藏不露的，如果没有某种规矩，它就会长久地失去它的秘密根基。
> ——加布里埃尔·马塞尔

米歇尔和他的孩子们建立了一个简单而有效的规则。

“‘我们不把问题存在心里，我们一起谈谈吧！’当我和我的两个孩子这么说的时候，他们马上反驳我说：‘我们已经这么做了。’但事实并非如此，我们并没有在出现问题前谈话，而是在出现问题时大喊大叫。因此，我们建立了一个规则：如果出现了冲突，且双方间没有事先讨论，就由我来做最后的决定，而不再进行任何的谈判。这并不容易，因为每个人都得做出让步，但是现在我们开始练习谈判，而不是大喊大叫了，家里的气氛也好多了。”

在日常生活中，我们常常会忘记了常识。米歇尔则将理智带入了情绪化的日常情境中。

谈判的流程应适应于每个家庭，且应体现出倾听和创造力，以便大家共同制定流程。让我们来看一个例子，它分成了3个连续阶段：

1. 问题发生之前

A. 出现分歧的时候，我们围坐在桌子旁，将问题清楚地展现出来。

B. 每个人都客观地表达自己的立场，提供自己的信息。

C. 每个人都倾听其他人，尊重他人所说的。

D. 我们围绕问题进行交流，以找到共同的解决办法。

2. 问题已经发生了

A. 禁止语言暴力！

B. 将冲突搁置一旁，围坐在桌子旁，将问题清楚地展现出来。

C. 每个人都客观地表达自己的立场，提供自己的信息。

D. 每个人都倾听其他人的意见，尊重他人所说的。

练 习

谈判流程的不同阶段

描述你谈判流程的不同阶段。

1.

2.

3.

4.

5.

6.

7.

8.

9.

10.

E. 我们围绕问题进行交流，以找到共同的解决办法。

3. 谈判结束后

A. 协商出解决办法之后，所有人都要执行它。

B. 如果在讨论中没找到任何解决办法，就由父母来解决，并执行他们的决定。

重复某些步骤可以加强常识和简单的概念。孩子们越小，流程就应该越简单。

真实地告诉我你想要什么

亲子谈判时，父母们经常遇到的一个困难就是没能弄清楚孩子的期待。孩子围着锅转来转去，他要求了一样又一样，他提出的要求都“奇奇怪怪的”。然而，身为父母，我们难以满足一个不清楚的或无法被理解的要求。

注意！孩子们不直接表达他的要求和行为并不一定是为了获得另一样东西而使用的策略：

· 可能是他**无法确切地知道**自己想要什么。在这种情况下，你可以陪伴在他左右探究出他想要的东西：

“我来帮助你找到你真正想要的东西吧！”

· **他不敢提**出自己想要的：

“我感觉你不敢真实地告诉我你想要什么，是吧？”

在所有谈判中，应该从对方的整体目标中分离出几个概念：

· **他的要求：**他公开表达出来的表层需要和诉求。

“爸爸，太阳快落山了，但我还是想去花园里骑脚踏车。”

有时，微不足道的要求下隐藏着更大的目标；

· **他的目标：**他真正想从谈判中得到的。

“如果爸爸让我在花园里骑脚踏车，我就骑到邻居的篱笆那儿，这样邻居的儿子就能看见我啦。”

最初的要求已成定局，但他并没一直表述它。

· **他的重点：**谈判中的重要因素（可能是隐藏的想法）。

“如果邻居的儿子发现爸爸让我在天快黑了的时候独自骑脚踏车，他就会认为我是个大人！”

孩子所关注的重点可能被父母忽略。我们能感觉到他是在表现一些重要的事情，但孩子不一定能够表达出来或者知道如何表达出来。

· **他的期望：**他想听到的回答。

"已经很晚了，爸爸一定会对我说'不'。"

如果回答是积极的，那么他的期望就有点儿消极了，满足感也就更大。如果，情况相反，要求是消极的，而期望是更积极的，就会感到极其失望。

在谈判过程中要坚持的一个原则就是："真实地告诉我你想要什么！"

谈判规则

谈判需要制定规则。如果我们希望谈判能正确进行，它就应该受到行为规则的限制。

规则，是做什么用的？置身于社会之中，就必须认识和了解规则：某一聚会的顺利开展，取决于对规则的解释和接受。在亲子谈判中亦然：如果没有规则或者规则不可用，谈判就无法在良好的环境中进行。

注意：在一定的年龄之前，孩子对规则是没有概念的！

为什么我们同意采用某项规则？因为在这种情况下，它是有道理，有益处的。如果你希望你的孩子采用谈判规则，就应该让他了解其中的道理和好处。每个家庭都创建了自己的谈判流程，所以他们的谈判规则也是具有个人特质的。

谈判规则示例：

第一条规则：信任

信任要求我们什么都说，什么都不能隐藏。如果我们希望谈判是有益的，每一方都应该确保另一方说的是真话。

信任，易失难获。
——让·保罗·萨特

失去信任的必然后果：孩子和家长中欺诈、撒谎的那一个会失去日后谈判中的所有可信度。

第二条规则：倾听

每一方都应听取且不打断另一方的发言。倾听是十分有效的方法，但它只有在每一个参与者都愿意倾听的情况下才能进行。如果大家都不愿意倾听，就不可能找到解决的办法。

第三条规则：尊重决定

每一方都应该采用协商好的决定。如果孩子或者家长不采用一起做出的决定，他就会毁掉在接下来的谈判中的信任度。

第四条规则：创造性

在谈判中，应跳出藩篱，寻求新颖的、创新的解决办法。当问题的解决办法变得刻板、机械，这就不再是谈判了。缺乏创造性会失去部分谈判价值。

家庭谈判基本规则

谈判时，我们的规则是：

1. ______________________________

2. ______________________________

3. ______________________________

4. ______________________________

5. ______________________________

6. ______________________________

注意！像游戏一样，孩子们可以单方面重新创造规则。我们可以告诉他们，我们的确可以重新协商规则，但在共同过程中，规则是不可改变的，每个人都要做好自己的事！

为了使规则行之有效，应该和其他亲子谈判者一同分享它：祖父母、朋友、儿童保姆……每个人都应该按照相同的规则共同生活！

危机时刻

在谈判过程中，某些时刻显现出了特别的信号。然而我们并不是总能意识到这些敏感的时刻，这使它们变得尤其危险。

亚瑟就承担了这样的后果。“我9岁的儿子不想进行柔道训练，但他的理由并不可靠，先是因为他累了，然后又因为天气冷了……简而言之，都是些糟糕的理由。我没办法说服他去训练，就威胁他不许参加年终大赛。‘如果你不去训练，就不许参加比赛！’然而，我忘记了一件重要的事情，‘问题在于比赛是以团队的形式进行的，如果他不参加，整个队伍都会被淘汰，我的威胁彻底失效了。’他对我说：‘好啊，那我就不参加了。’这是作茧自缚，我不得不强制他去训练。我的谈判因为这一点儿也不可靠的威胁而失败了，所以我只能求助于我的权威。”

我们应摒弃以下所提及的4种态度：

1.虚张声势

若要在谈判中虚张声势，有一条规则是必不可少的：能输得起。在亚瑟的例子中，亚瑟在儿子不能参加年终大赛一事上虚张声势。如果孩子意识到爸爸的威胁是无法实现的，他就失败了。如果我们输不起，就别虚张声势。

2.威胁

当我们在谈判中威胁他人之时，就意味着我们失去了对局势的控制：

“如果你不按我说的做，我就要惩罚你！”

这就不再是谈判。

如果威胁是客观的，那么它们可能会有效：

“注意，如果你这么做，就等着瞧吧！”

但为了使威胁有效，在孩子眼中，它应该是可信的。只威胁却不实施，就会失去将来谈判中的所有可信度。

3.最后通牒

最后通牒就是提出执行任务的时限。为了使最后通牒有意义，对孩子来说，它应该是可以实现的。如果家长提出了一个不可靠的最后通牒，那它就失去了全部意义。

4.谎言

这是一项适用于所有谈判的规则：决不撒谎！信任是第一规则，谎言会长期影响一个人的信用度。

不尊重规则的惩罚措施

和所有的规则一样，我们应规定出不实施规则的惩罚措施。这样就将威胁隐藏在谈判的实施过程中。重要的是，所有的违规行为都应受到处罚，从而赋予规则以重要性和强制力。

劳伦就采用了一系列和谈判进程直接相关的惩罚措施。“当其中一个孩子不遵守规则的时候，这就会直接影响我们的谈判进程。当有人不尊重规则的时候，我们就会减少可谈判的内容：‘之前，规定的是21：30，但你可以每周选择一个晚上出去玩儿到23：00，上次你没有遵守时间表，所以你没得选了，从今以后，所有的外出时间都限定在21：30。’不遵守规则的孩子要承担可谈判内容或者谈判余地减少的后果。他要对选择范围的缩小负责。”

把惩罚措施和谈判进程结合在一起是十分有利的，两者可以说是相互促进的，并且对谈判过程的整个系统进行统筹。如果你希望谈判对所有人有效、有益，那就一起采用规则吧！

行动框架、规则、对不可谈判的定义，所有这些限制都只是为了划定亲子谈判时，家长和孩子可能有所变化的范围。它们和足球比赛采用的限制是一样的，比赛开始之前，就已经划定了场地，规则对所有人来说都是一样的，有些行为会导致吃红牌和被罚下场的结果。在决定和接受了这些规则之后，比赛才能开始。

谈判框架是一个受限制的，但也充满了机会的范围，它带来了规则并使之活跃在日常生活中。这就是我们要和孩子一道建立起来的关系质量和相互作用。如果没有有效、可靠的关系，就不会有真正的谈判，而真正的谈判会让每个人都有一种得到了一些东西的感觉。

5

关系——大规模平定武器

我时常会想到法国警察总署特动队首席谈判专家米歇尔·玛丽说过的一句话，她是我事业的领路人，传授给我这一行的基础知识。每一次当我们要和持械的狂热分子或挟持者开始谈判的时候，她就会说："好吧，先从构建关系开始。"这句话深深地烙印在我脑海中，每次要开始和孩子谈判的时候，我就会想起这句话。没有关系就没有交流，没有交流就没有谈判。

关系——亲子谈判基础的要素

关系是一种有利于构建有效交流的联系。这里说的“有效”就是使人接受，正如帕雷拉多学派的创始人之一保罗·瓦兹拉威克所言“我们不能不交流”：两个人之间所有的相互作用都是一种交流，即使另一方开口第一句就是：“我不想和你说话。”

随着孩子慢慢长大，他与周围的人建立起来的人际关系对于他的发展，以及人格的形成来说越来越重要。关系是所有谈判基础的要素，它们并不像看起来那么简单。关系是一个复杂的系统，它会随着相互作用和交流不断变化。如果不能很好地理解关系的现象和作为其基础的作用，就难以掌握亲子谈判中的所有要素。

沟通的代表性模式强调人对性格的意识。1940年，贝尔实验室的工程师申农，想通过无线的方式，用一个将消息编码的发送设备、一个特殊的传送信息通路和一个可以解码的接收器来沟通。这一模式之所以成功要归功于它的便捷性，但它也被证实因过于简单而无法应用于人际沟通的议题研究。

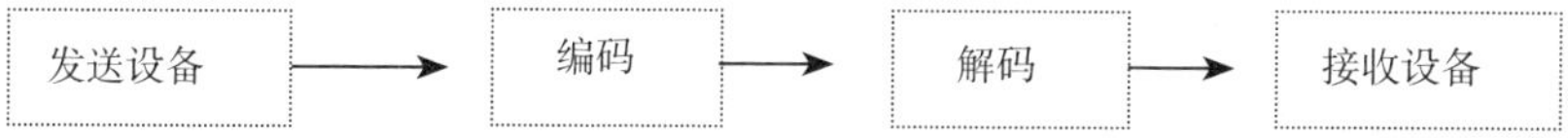

线性通信——申农模式

系统性方法，比如格雷戈里·贝特森和帕罗奥图学派的学者们的成果，极大地拓展了我们对通讯过程的理解。在这些模式中，关系是一个许多参与者互相作用的系统。虽然，信息的发送者和接收者也包括在其中，但不能把这一系统缩减为简单的线性关系。

相比发送者和接收者之间的简单联系，父母和孩子之间的沟通是一个比它更复杂的系统：为什么有的时候你的孩子完全能按你说的做，而有的时候他不明白你的要求是什么？有三点需要注意：环境会影响孩子对接收到的信息的理解，他们的参照系会改变他们的认知，诸多参与者的影响会改变彼此之间的论证强度。

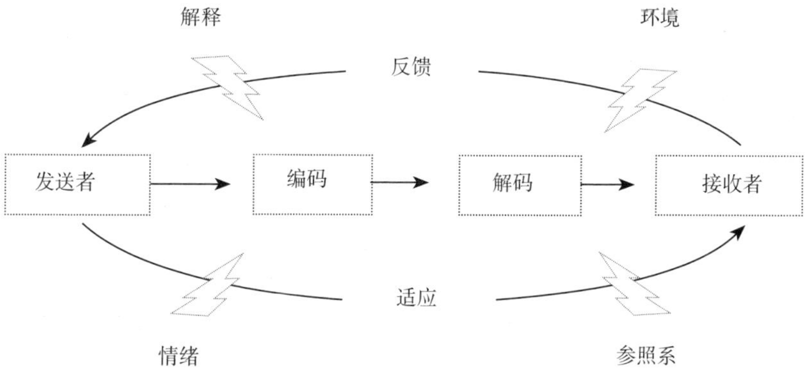

交流系统——帕罗奥图学派的模型

谈判关系是一个互动的过程。信息的含义的确要取决于发送者和接收者，但也取决于所处的环境和构建起来的互动质量。

我们很少能控制环境因素，但却可以在互动的质量和家庭谈判中的关系上下功夫。

没有预先的、有效的关系就没有谈判

许多学术范例都可以用来描述人际关系的运作过程。我们选取了两个适合移植到亲子关系中的范本：帕罗奥图学派和沟通分析理论。

帕罗奥图学派

该学派的名称——帕罗奥图是加州的一个城市，也是该学派的诞生之地，帕罗奥图学派是一个研究家庭治疗及短期治疗起源的流派。主要创始人是格雷戈里·贝特森、理查德·菲什、威廉·弗烈、保罗·瓦茨拉维克。保罗·瓦茨拉维克在相互影响和关系方面成果丰富，特别是基于对称及补充的概念建立了关系类型理论。这一类型论指向两个人联合层面的关系建立，其系统强调依据一方期望和诉求来构建并维护关系。这一系统对于亲子谈判具有借鉴意义。

· 对称关系

对称关系基于谈判人物地位平等的基础之上。如果谈判的双方能够平和地辩论时，就是积极的对称关系。反之，当其中一方采取了不恰当的态度对待关系，并导致失衡的时候，就会起冲突。

有时，保罗和他的儿子就是对称关系。“现在，他已经是成年人了，我们享受着特别默契的时刻。我们会谈到性，因为我认为这个时候比较合适。但我们更像是朋友之间那么聊天，而不是父子之间。当我需要影响他的行为的时候，我就会用到这种关系：我试着像朋友那样给他提建议，而不是像爸爸那样命令他。我们应该找到准确的平衡，但是我喜欢这种新的亲近方式，我觉得他也喜欢这样。”

对称关系有益于环境权力和关系权力的运用。

亲子谈判中，置身于对称关系之中的家长们的目标是发展积极的对称关系，同时避免对峙或者使用权力的态度。对称关系有利于使孩子和父母一样有责任感：“在我去剪草坪的时候，你要帮助我照顾你的妹妹。现在你是大孩子了，你可以这么做了。”但要注意，不要陷入到伙伴关系，要依具体情境选择运用的策略。

·补充关系

补充关系建立在“高”位和“低”位的基础之上。谈判的一方处于另一方之下，比如权威、全能和合理性层面。

保罗也知道让自己置身于和孩子的补充关系中。“我还知道要当个爸爸。必要的时候，我会再一次成为一家之主，对他发号施令。危险之处在于‘朋友之间’的关系是最舒服的，而且我会忘记在某些情况下，我的儿子需要权威。”

在人际关系的建构中，如果角色可以理性地依情境需要进行切换，补充就是积极的。

如果父母在与子女谈判时，以要求或命令的方式表达意见，使孩子接受的话，这种补充就是消极的补充。因为关系是固定的，角色也不可互换。实际上，补充关系是出色地运用制度权力的关系。

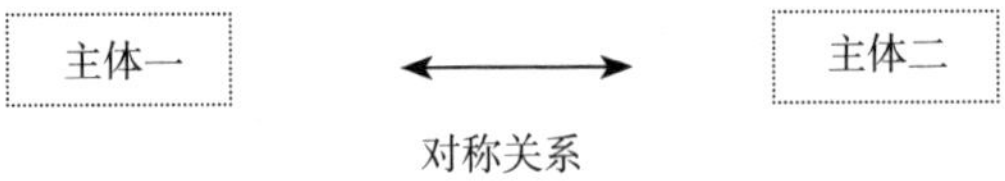

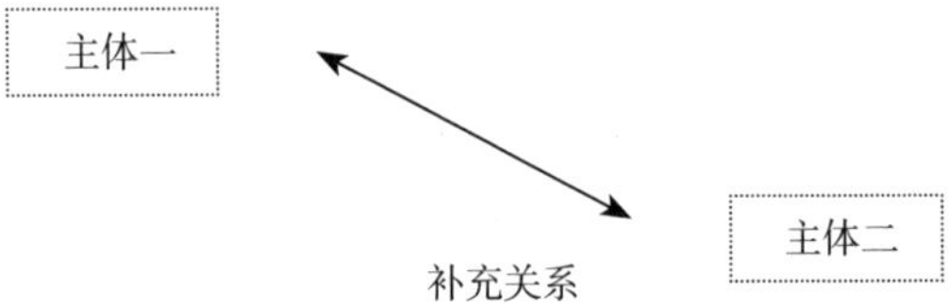

沟通分析理论

沟通分析理论是由美国心理学家埃里克·伯恩在20世纪60年代创立的。他发展了一个可用来分析、名为“沟通”的人际交往的阅读框架。沟通分析的原则建立在伯恩所说的三种“自我状态”之上：儿童状态、父母状态和成人状态。这三种状态代表了我们在和身边的人交流时所利用的性格的各个方面。

·“儿童”自我状态

它是第一个出现的状态，所表达的是自儿时起发展起来的情绪、感觉、愿望和需要。这种自我状态的目的是引起父母注意，获得情感上的认可。当在屈从于决定好的规则时，“儿童”状态可被抑制，也可在反对或面对权威时表现出反抗的一面。

·“父母”自我状态

当个体模仿其父母或者其他儿时的权威代表时，就会表现出这一状态。“父母”状态在惩罚或责备时可表现为迫害者，在过度保护时可表现为拯救者，在限制和强制规定时可起到模范作用，在准许某事时可起到许可作用。

·“成人”自我状态

在个体冷静地评估过情况之后，想做出客观、实际的决定时，就会呈现出这一状态。它是思考的外在表现，是“儿童”状态和“父母”状态之间的妥协。

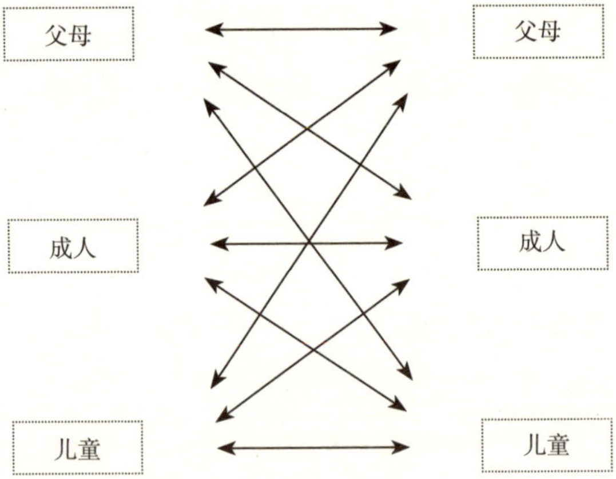

自我状态之间的妥协

当三种状态结合在一起，能够实现较为有效的相互作用。埃里克·伯恩认为双方的沟通是由以下内容构成的：一方发出交流的刺激，另一方做出相同的回应。如果这种回应处在刺激的阶段，那就是有效沟通。反之，如果不是对刺激做出回应的状态，沟通就是不恰当的。在亲子谈判中，固有的相互影响就是“父母状态”/“儿童状态”：“模范家长”或“迫害者”的行为回应“顺从的孩子”或“反叛者”的行为。

阿德里安经常在孩子面前充当“模范家长”。“马泰奥，我得提醒你，家里制定的规则要求你从学校回来之后，立刻做作业。”马泰奥通常以“反叛者”的行为来回应：“可是我喜欢晚饭前做，不行吗？这样的话，我就能有时间在放学后玩一会儿了。”

整体关系和局部关系

在亲子谈判中，关系是本来就有的，且关系质量是极好的：从一开始，双方就是这么期待的（尽管对于青少年来说，这有些变化）。它在信任的气氛中展开，每一方都希望它能长久地持续下去。但这种质量极好的关系也可能成为亲子谈判中的软肋：维护关系是如此重要，以至于我们经常忘了为什么会存在关系，和结果相比，感情占了上风。

和孩子的自然关系（父母赐予生命，子女是父母的骨血）是一种整体的联系，这一点我们无法逃避：从生物学上看，我们永远是他们的父母，即使我们抛弃了孩子们，也是如此。这种关系出现在联系的整体性中，受到孩子的年龄、成熟度、家长的权威度和宽容性的影响。

这种关系也由局部关系构成，当和特殊环境联系在一起的时候，会更有针对性，它会依据每一种特殊情况来构建。对于局部关系来说，有利有弊：我们很难改变它，但我们可以考虑那些用来创造相互影响的方法。

保拉认识到了环境在亲子关系中的重要性。“我和孩子的关系在假期会发生变化。这一点很明显，但是又没什么真正的原因。实际上，我们的生活规则是没有变化的，我们也经常去别墅过周末……但一到了假期，气氛就似乎完全变了。我们的关系比平时好多了，我感觉我们可以倾听彼此的心声了，冲突也少了，我们相依相偎的时间比一年里我们各自去工作或上学的时间多很多。”

创造相互影响

相互影响是一种交流，是一种包含在交流系统中的相遇，也是建立在关系和沟通的基础之上的一种联合。

当父母开始思考用何种方法来掌控与孩子的相互影响时，就会涉及父母敏感度的概念，这一概念被专注于儿童教育方法的美国心理学家戴安娜·鲍姆林德大力发展。

父母的敏感度与父母对孩子需求的反应程度有关。通常用4种能力来定义这种敏感度：

1.辨认出孩子发出的信号的能力

“我的孩子哭了，这不是任性。”

2.正确理解该信号的能力

“他的眼泪似乎和那些三个礼拜以来一直阻碍着他睡觉的噩梦有关。”

3.做出恰当回应的能力

“我要去看看他，让他安心，温柔地轻抚他的额头，然后不开灯就走。”

4.能在适当的延迟之内做出回应的能力

“我会等几秒钟，如果他还是不能睡觉，我就去看看他。”

父母的敏感度对于我们构建与孩子配合默契的有效相互作用来说至关重要，直接作用于父母是否能与子女建立起有效的相互影响关系。我们应该明白、理解孩子的语言水平、他的情绪和他的期望。父母和孩子之间的沟通系统质量对于孩子关系能力的发展来说也很重要。舍布鲁克大学教授琳达·贝尔指出：“在儿童1岁时建立起来的亲子关系是孩子发展的基石。如果缺乏这种来源于父母给予的安全感和和谐情感关系，婴儿就很难学会调节自己的行为和情感状态。”相互作用的质量不仅仅是和孩子开展有效谈判的手段，也是帮助儿童心理成长与发展的要素之一。

在亲子谈判中，相互作用可以在孩子或者父母的倡导下，以下几种方式开始。

由父母倡导相互作用关系时：

1.温柔的方式

这是最有效的开始相互作用的方式：父母确定了潜在的问题并发起了

讨论。

“我觉得我们遇到了问题：我去了你的房间，看见所有的东西都乱七八糟的。”

这种温柔的方式是基于客观视角去创建关系，摒弃了过于明显的主观评论，只是确定一个情境的真实情况。

2.强势的方式

这是一种直接的方法，带有主观的评价。

“你的态度让人不满意，但你也可以继续这么做。”

强势的方式明显地倾向于威严，通常用在提醒规则或讨论不可协商的主题之时。

3.等待政策

通过这种方法来建立的相互作用是十分有趣的，因为它使父母不能把自己放在请求者的位置上。儿童才是局部关系的请求者，可以获得其汇总一个问题的回答或请求一个建议：

“我觉得从今天早上开始有的事情就不大对劲。你板着脸，什么也不说，我是不是该知道发生什么事儿？”

等待不是放任不管、任其自然，甚至出现恶化的结果。父母要提高敏感度，把握塑造良好关系的节奏。

4.自由介入

家长通过自由介入干预双方或几方已经建立好的关系：

“停！我在厨房就听到你大喊大叫了，发生什么事情了？”

这种方法将父母定位为冲突中的调停者，居间调停的第三方，且为谈判提供了解决的方法而不是对峙。

5.连续介入

这种方法是一种团队协作，比如一个家长用之前提过的方法开始互动，另一个家长重新建立联系，或者为了巩固第一位家长的做法，或者为了使用制度权力来做个了结。

“你妈妈花了十五分钟试图向你解释，为什么你的态度不令人满意。你不想听，那么，晚饭之后，你立刻回自己的房间，想想你都干了什么。”

由孩子倡导相互作用关系时：

1.请求

这是直接的要求：“爸爸，我应该和你谈谈这个问题。”这种倡议的优势就在于直接和直奔主题，只要孩子是以客观的方式来陈述情况的，肯定表达来回应通常会取得效果，即使情境可能要求我们做出否定回答（也可以尽量给予孩子正面反馈）。比如，孩子想去花园，但是问题在于我们才刚刚吃完饭。

“爸爸，我想去花园玩儿，好吗？”

“可以，你清理完桌子就可以去。”

用“是”来表示爸爸并非对孩子的请求无动于衷，而是提出了实现的条件。

2.挑衅

孩子表现出他的行为或认真的态度，请求父母做出反应。他大喊大叫着爬上了楼梯，砰的一声关上门喊叫道：“烦死了！总是老样子！”这种挑衅可能是有意识的，孩子期待着父母的反应，也可能是无意识的。如果孩子所表现出的“挑衅”是无意识的时候，父母问他发生了什么，回答通常是：“没什么，一切都好！”但他的语气却想告诉你一切刚好相反。

挑衅可能会得到一个强势的或者温柔的回应，还可能成为回顾规则或谈判框架的机会。

“你的态度令人不满，我知道你在生气，但是这不是你摔门、喊叫的原因。等你平静下来就来见我，我们一起谈谈这个问题。”

3.间接法

这就是孩子一直围绕着问题却不触碰问题的典型情况：他在父母准备晚饭时走进厨房，坐到椅子上，用手托着脸蛋儿来测试父母的敏感度："他们会不会明白我遇到了一个很大的问题？"孩子运用间接的表述方式时，父母应当对其进行温柔的回应：

"你看起来不太好，是有什么烦恼吗？"

这样做的优势在于高效率地营造谈判气氛，能够及时进入讨论。间接的方法还可以调用等待策略：让孩子过来，大家安静一会儿，不去注意孩子的态度。一般说来，随意叹口气作为开场白，能够建立起有效的互动交流。

注意！当孩子没有表达出自己的问题时，对间接法的反应可能转变成一场冲突。

"你看起来不太好……"

"不，还可以。"

"不，不好，你在生闷气。"

"没有，还可以，挺好的！"

"别这么回答我！"

"还是老样子，我们从来都谈不了什么！"

对间接法的回应需要耐心，除非我们决定了采取强势的方法：

"听着，别再叹气了。如果你遇到了问题，就说出来。如果不，就别再生闷气。"

练 习

谈判的环境和关系

1.在什么样的环境中，你能和孩子维持良好的局部关系？

2.什么样的环境因素能形成产生良好的关系？

3.在什么样的环境中，你和孩子的局部关系很糟糕？

4.什么样的环境因素会造成糟糕的关系？

5.你使用什么样的方法来扭转局面？

自我诊断

你有哪些关系能力

根据第一直觉回答如下问题，在1～10的空格内做标记。

（1：这并非我的情况---10：这简直就是我）

	1	2	3	4	5	6	7	8	9	10
如果没有事先构建好关系，就没有谈判。										
如果我和我的谈判对象没有建立真正的关系，那么他会听我说话，但听不进去我说什么。										
建立关系需要时间和耐心。										
我知道并能接受自己的情绪。										
我知道和孩子互动的时候要避免情感泛滥。										
和孩子谈判的时候，我会记住要根据场合来创造互动这一目的。										
讨论中的沉默也是一种交流方法。										
在必要的时候我会保持缄默。										
关系是一个不断变化的系统。										
在日常生活里，我会使用直觉。										
关系所处的环境会对关系产生影响。										
我有极好的父母敏感度。										
我知道选择最好的方法来和孩子互动。										
我喜欢遇到陌生人。										

结果：空格7～10指的是你建立、维护有效关系的能力。空格4～6指的是为了使你变得更有效力而需完善的着力点。空格1～3指的是你需要改善的地方以及发展和别人的关系时，需要注意的问题。

维持长久的关系

两个或两个以上的人在互动中建立起了关系，并创置了一个交流系统。谈判开始后，这一个系统应该持续到各主要人物都感到满意的时候。然而，建立互动是一回事，维持互动直至达成各方都满意的结果则是另一回事。

局部关系是一个循环系统。任何一位主要人物的行为都可能会改变，甚至终止这个系统。维护关系，就是避免这些会破坏关系的行为。

维护相互影响的关系

沟通系统有自动调节至平衡点的倾向（称为动态平衡），特别是当主要人物有意识地去维护关系以期实现其目的的时候，每个人都用自己的行为来回应其他人，以保持相互影响的有效性。但沟通系统是一个脆弱的整体，它由心理的、社会的和行为的要素构成。沟通关系受孩子或家长行为变化的支配，它可能使另一方感到不快并停止交流，所以需要对沟通系统予以解释，并被谈判各方理解十分重要。

什么会影响父母和孩子的局部关系：

1.孩子不相信谈判

可协商性是指能通过谈判找到问题或冲突的解决办法的能力。当孩子不相信谈判能帮助自己的时候，父母的首要目标就是证实情况的可谈判性以及谈判的余地。

“你生闷气是因为你想明晚去朋友那儿住，但是我说了‘不’，因为明晚我们要给你哥哥庆生。但这并不意味着你绝不可以去她们那儿住。而且，你想去的时候，要问问朋友的妈妈的意见，是不是？我们以后再谈这个你同意吗？”

2.一贯的不信任

孩子特别是青少年有这样一种倾向，那就是质疑父母向自己提出的所有事。我们难以说服那些已经被说服过的人，但我们总是可以提出自己的论据：

“你不想制定复习的计划因为你觉得这没用？好吧。我不会强行把你关在自己的房间里。我只想告诉你，如果你制定复习的计划，在学习这方面，你肯定什么都记得住，你能确切地知道学到哪儿了，你有自由的时间去放松自己……”

我们也可以使用环境权力[①]

“当我要通过中学毕业会考的时候，我花了5个月进行全面复习。的确，一开始很枯燥。但我最后还是复习好了所有的功课，轻松地取得了中学毕业文凭。你可以想象一下你将要考中学毕业会考的那个暑假该怎么过？”

面对一贯的不信任，最好的语言是客观论据：不评判价值观，没有解释，只有客观事实。

3.不恰当的回答

父母做出的不恰当的回答必然会影响关系：不管是有意识的还是无意识的，孩子得不到他想要的回应，这就会损害互动。造成这一问题的原因可能是父母的错误解读或者是孩子没能清楚地表述他的问题。

“你看起来怪怪的，是遇到什么事儿了吗？”
“没有，还好。（叹气）”
“得了，别发牢骚了，就是因为我要求你今晚11点之前回家。”
“和这一点儿关系都没有！”
“不，有关系，我很确定！”

① 参见第二章。

有时，不恰当的回应和一种叫作“解释”的态度有关，它是阻碍真实的而非指令的关系因素之一。重述以及使用积极倾听[①]的技巧可以减低不恰当回应的可能性。

4.缺乏信心

对于孩子来说，信任就是安全感。它是谈判框架[②]的规则之一。当某些互动涉及了对孩子来说很敏感的话题时（尿床、自信……），唤起孩子的信任是十分有用的：

“你将要和我说的一切都是你我之间的秘密，但我需要知道发生了什么，才能帮助你。”

如果孩子不敢说出一切，就更难以开展真正的谈判。

5.谎言

在谈判中，我们决不能撒谎！这是一个不可协商的原则：

“我想和你谈谈，看看你有什么需要帮助的地方，但是你对我撒谎了，事情不像你说的那样，我们停止讨论，你去睡觉吧。”

撒谎是一种容易的解决办法：孩子可以篡改事实，而这是很容易发现的。他也可以有意无意地疏忽某些情况。

---

① 参见第六章。

② 参见第四章。

孩子撒谎时，也是一个提醒孩子注意人际关系中负面影响的好机会。

在关系中喊停的能力

关系的暂时中断不一定是坏事。有时，我们应该制造暂停，以平复那些情绪过于激动的情况，或让每一方都做个总结，及时反思已有的讨论过程，并尽快地回到讨论中去。

休止符也是音乐的一部分。
——斯蒂芬·茨威格

斯特凡妮是一个暂停高手，“有时，当我和两个青少年的讨论变得紧张的时候，我就会要求‘暂停’，就像在篮球比赛中那样。他们两个都打篮球，都知道这是什么意思。规则很简单：我做出暂停的手势，给出持续的时间，15分钟、1小时……当孩子们认为有必要的时候，他们也可以这么做。此外，他们发现自己做错事的时候用这个很管用，但是，他们可不想承认！（笑）”

暂停也许是既能挽救面子又不需要公开承认做错了事的好办法。的确，这种暂停具有比较积极的正面内蕴，是值得使用的方法。

当孩子们希望暂停谈判的时候，应该允许他这么做。也许，他想思考一下发生了什么，或者他感觉到情绪太强烈了，或者他想平衡关系。他也可以因为心里有没想通的地方而在谈判中喊停：

“好吧，我们不谈了，你根本不知道我在说什么！”

在这种情况下，我们要做的仅仅是避免孩子反复思量这一消极观点：

“我们可以暂停讨论。如果你希望再次开展讨论，就告诉我。我想明白你的感受，进而帮助你找到解决办法。”

这一句简单的话展现出了三个优势：

· 它给予孩子喊停的权力；
· 它提醒孩子父母在听他说话，且准备好再次开展谈判；
· 它清楚地表明了想要了解发生了什么事，进而找到解决办法的意愿，而这就是谈判的目的。

如果暂停是父母提出来的，会出现以下3种简单的情况：

1. 解释一下为什么暂停是有益的

“我感觉到你烦躁不安，我也是。我们暂停一下，吃个饭，不触及这个主题，之后再谈谈。”

2. 请求孩子的同意也很有用

“你喜欢这样做吗？”

如果他同意了，讨论就可以暂时搁置一旁了。如果他拒绝了，应该问问他为什么，也许能确定一个时限或者找出这场冲突引起的焦虑不安，这样也就无需暂停了。

3. 给出暂停的持续时间或者再次讨论的时间

“你从学校回来之后咱们再谈。”

这种时间上的标记表明了谈判还没结束，只是搁置一旁了，我们还是要互动因为再谈判已经计划好了。唯一的限制：不要忘记孩子从学校回来之后，就要再次展开讨论！

关系是一切谈判的基础组成部分，和其他组成部分一样，为了发挥效用，它应该是恰到好处的。关系太少，就无法提出论据。关系太过，就有失客观性。为了确保有效的互动，应该找到一个平衡点，不要忘记真实性和倾听的能力也是展开谈判的一部分。

6

为谈判而倾听

我有幸能一直在弗吉尼亚州的匡蒂科接受美国联邦调查局国家学院提供的危机谈判专家培训。就读期间，我很惊讶地发现在谈判技巧方面，唯一能够教授的方法就是积极倾听，而这正来源于卡尔·罗杰斯的成果。加拿大教授麦克·韦伯告诉我们，首要的谈判力就是保持缄默，学会倾听。它概括了谈判者绝大部分的交际能力。

回到法国之后，我和我的孩子们将积极倾听付诸实践，这很大程度地改变了我和他们的谈判方式以及对他们的教育方法。

表现出移情

“倾听”一词的定义相当简单：“为听提供耳朵”、“注意一件事”。但如果问家长们，“倾听”这个词在亲子关系方面意味着什么，他们通常会给出另一个意义：“听话！”

如果我们希望被他人倾听，就要先学会倾听他人。
——弗朗索瓦·德·拉罗什福科

我们听了多少次这句话：“你什么都不听！别板着脸了！”然而，扪心自问，我们为了被倾听、被服从而充分倾听他人了吗?

每一次，当我们将倾听作为建立和他人的有效关系手段之时，“移情”这个词就会随之出现。移情与关系密不可分，在我们的亲子谈判中移情能力是一种极好的工具。

“移情”一词源自古希腊。由意味着“在内部”的em和意味着“痛苦”的pathos组成。移情是一种体会他人痛苦和情绪的能力。

再次申明，情绪也是一种负担。它既是关系工具，也阻碍了我们对情况的客观认识。

移情的目标是理解。
同情的目标是他人的舒适。
——劳伦·维斯皮

情绪是盟友还是对手？

玛莉娜害怕自己的情绪。“当我和孩子谈论一个敏感话题或者我要训斥他们的时候，我试着尽可能地保持冷静，而不泄露任何情绪。如果让他们发现情况对我有所触动，我可能就表现出我无法控制他们或者我的情绪占了上风。这对我来说很难，因为我本来就十分敏感，且总是感同身受。”

表现出这些情绪，并不意味着失控，而是向他人表明发生在他身上的事情或者他的所作所为影响了我们的情感。这是我们与他的紧密联系，而不是权力的桎梏。我们应该找到正确的配比，以便让介于理性和情绪之间的复杂过程发生作用。通常，人们认为表现出某种情绪是软弱的标记或者失去对情况的控制的信号。在职场中，我们经常会制定一些规矩或者方法，它们的唯一目的就是抹去所有的情感痕迹或人为因素。但是，否认情绪的存在及其重要性，就意味着失去了人际关系中50%的关系能力和影响力。

感受他人的情绪

父母和孩子之间的移情比两个陌生人之间的移情强大许多：父母的敏感度[①]是相当有效的解读手段，彼此之间的爱和情感是移情的沃土。爸爸妈妈们，我们有幸拥有最利于亲子谈判的基础！让我们运用好它！

感受他人情绪的能力是**真诚沟通关系**的保证。正如图卢兹第二大学教育科学副教授让·弗雷德里克·迪蒙所说："教育关系中的情绪不仅是我们对世界和他人的感觉，对环境干扰的简单反应，还是一种体会、想象这个世界以及和他人沟通的方法。"

直觉还是移情?

卡洛琳能明白言外之意。"我能够感受到孩子们的感觉。我无法确切地解释这是为什么，但是我相信这是母亲的直觉。我知道他们什么时候真的难过、什么时候是在演戏想吸引我的注意力，我知道他们什么时候真的生气、什么时候只是在装模作样。"

直觉是一种用来感受他人情绪的好方法，它比我们想象的还要理性许多。它是我们的经验和无意识能力的产物，无意识能力帮助我们追忆之前经历过的情况并将之存入记忆中。

① 参见第五章。

相信你的直觉，进而感知孩子的情绪！

移情还是同感？

格拉奇拉就在考虑这个问题。“上周，我批评了我的女儿，因为她对哥哥不好。她回答我说：‘妈妈，你和我没有共鸣。你不明白我的心情。’我答道：‘我在这儿可不是为了共鸣。’整整一周，我又在想着她的批评和我的回答。我的孩子觉得我和她没有共鸣，这让我难过。”

同感指的是第一时间有意识地了解他人的情绪或痛苦，随后表现出对其情感亲密以改善其舒适度。

父母应该是同感的，但要注意不要陷入到情感泛滥及情绪感染中。

同感不是同情，后者是指因他人经受的痛苦而感到悲伤。

表达感受到的情绪是一种不可协商的沟通途径。父母在亲子谈判中的情感投入是强有力的关系要素。让·弗雷德里克·迪蒙认为：“教育关系的参与者对其情绪的表达使他们参与到信息收集以及谈判的过程中，涉及他们对其他人和情况的感知，从而使他们协商一致。”

亲子谈判中，父母帮助孩子发展表达情绪和关系行为的能力，能够促进孩子移情能力的发展。

·让孩子在做事的时候，意识到自己的情绪状态

“当你看到妹妹因为你抢走了她的玩具而哭泣的时候，你是什么感觉？”

·让他意识到愉快的情绪

“当你教了弟弟一些东西，他能模仿出来的时候，你得到了什么？”

·让他意识到他诱发了别人的情绪

“你觉得，当你说托马斯胖的时候他是什么感觉？”

·让他意识到表达自己的情绪是向他人表现出自己所感所想的方法

“当你的兄弟让你心烦的时候，你为什么要跑去关上你的房门，而不是告诉他你心里在想什么呢？”

“为什么你不告诉他，他做了什么事情惹你生气呢？”

·让他意识到情绪的生理和心理反应

“当你生气的时候，你会做什么？你怎么向别人表明你难过了？当你的班级同学生气的时候，你是什么感觉？”

真实感受他人的情绪并能将它表达出来，这是迈向情商及掌控日常情绪的第一步。

在亲子谈判中建立情绪

移情，就是感受他人的情绪。情商，就是知道控制自己的情绪而不至于应付不来。20世纪中期，美国作家、心理学家丹尼尔·高尔曼发展了情商的概念。情商指的是辨别、感受及控制自己和他人情绪的能力。在亲子谈判中展现出情商是一种避免情绪或情感泛滥，发展真实、有效关系的方法。“情绪”一词来源于拉丁语中的motio，意思是运动的行为或者动作。我们应学习辨别、掌控这种运动。

对于感受情绪的人来说，所有情绪都是合情合理的！

管理我们自己的情绪

在一定的情境下，我们的情绪是机体对积极认知和消极认知的第一反应。通常情绪和需求的满足，以及愿望、心愿的失落感有关。为了控制情绪，我们应该学着：

· 辨认情绪引起的**内部信号**：

“当我感到害怕的时候，很快就会觉得指尖发麻，舌尖有一股金属味。我知道，这时候，我应该通过深呼吸来控制我的恐惧。”

· **了解什么样的情况会产生什么样的情绪**，进而预料情绪的来临：

“当我的女儿一边咕哝，一边哭泣的时候，我就知道这是一场闹剧，我会突然觉得生气，想大喊：‘停！马上给我停！’但根据经验来看，我知道这没用，所以我控制自己的情绪，尽量保持有效。”

· **给每一种情绪命名**：

将情绪标签这一技巧用在有效倾听中。清楚辨识情绪有利于抽丝剥茧，更好地控制情绪。

· **了解**表达情绪的**各种阶段**：

“当我生气的时候，我紧闭嘴巴，随后握紧拳头，脸上会突然觉得热。”

意识到表达情绪的阶段可以避免“过度”表达和消极情绪的影响。

· 学会**释放**而不是否认**情绪压力**：

深呼吸，闭上眼睛几秒钟，喝一杯水，把手指关节弄得咯咯作响……每一种方法都是为了释放过多的潜在情绪。

我们不在情绪这方面弄虚作假！控制情绪使我们能找到理性和情感之间的精确平衡，但不要“装”出一种情绪来控制他人。

孩子们有一种与生俱来感受父母情绪的能力。弄虚作假会破坏信任契约及共同的谈判框架。

格雷厄姆从不掩饰他的感受。“一天，我的女儿重重地从秋千上摔下来了。在她哭泣之前，她看了我几秒钟。我朝她跑了过去，看看她流血了没有，但她一切都好。我问她为什么要等一会儿才哭泣。我意识到，我太惊慌了，她应该是看到了我的表情，这让她很不好。我对自己说：‘下一次，我不要再表现出自己的惶恐了。’两天之后，她又摔倒了，摔到了头，我感到不安，但并不害怕。她看了看我，开始大哭！原因就是我不知道怎么掩饰自己的情绪！（笑）上周，她从自行车上摔下来了，她在草坪上，骑得也不快，所以没什么危险。她爬起来，看着我，我并不担心而是对她报以微笑，她带着大大的微笑重新骑到自行车上。结论：永远不要欺骗自己的情绪，真实表现出我们所感觉到的，这就是发挥信任的作用！”

帮助孩子管理他们的情绪

各位成人朋友，我们都知道控制情绪并非易事。思考一下这个问题：“当某些人在路上开车险超你的时候，你作何反应？你怎样控制敌意的想法？你总能成功地这么做吗？

那么，想想孩子们在控制和管理他们的情绪时会遇到的困难吧，他们可没有你有经验和成熟!

帮助孩子发展情绪能力的关键在于让他们明白他们所感受到的情绪都是合情合理的，但某些表达情绪的方式让人无法接受。

萨拉和丹尼斯跟他们8岁的儿子汤姆之间有点儿问题。“他经常发火，满脸通红，想打人。好几次，我们要求他告诉我们他为什么要这么做，但都没成功。每一次我们都把他送回床上或他的卧室里，因为我们受不了他的行为。一天，被激怒的萨拉问他：‘做这事儿的时候你脑子里都在想些什么？’他答道：‘这不公平！’实际上，在他发脾气之前，我们已经因为一件他不肯承认的傻事训斥过他了。我发现每次他觉得自己处在不公平的情况之中时，他就会突然非常生气，且没有商量的余地。从那之后，我们鼓励汤姆表达出他的感受和情绪。事实上，他再也不感到愤怒了，我们可以一起谈谈进而了解发生了什么。”

这种意识和控制的难易程度与孩子的年龄和成熟度有关。我们可以与孩子以游戏的方式去认识和理解情绪，在游戏中设置好谈判过程中有权力和没权力的双方，这种游戏形式（与年龄相适应）使孩子获得了一种情感约定，这也是他能够做出自己决定的游戏规则。

从情感投入到情绪感染

情绪是谈判关系中必不可少的成分，但过多的情绪也会成为一个问题。当我们只看到我们想看到的事情之时，或者当情感奔涌之时，该如何保持客观？

在复杂谈判中，当谈判者过于依赖关系中的情感且失去了客观性，或忘记了他的策略、目标的时候，就会出现**过度情感投入**。过度投入和极其强大的感情或特别敏感的环境有关，在特别敏感的环境中，参与者无法保持一定的距离。

这种环境近似于**情绪感染**，指的是，某人表现出了和谈判对象相同的情感状态，无法为其效力保持必要距离。比如狂笑，即便情况不允许，还是会蔓延到几个人身上。日常生活中，父母常常被子女的傻笑而传染，自己也大笑起来。

让·弗朗索瓦不知道怎么和5岁的女儿保持距离。“玛农经常给我下套：当我提高了声音来显示权威的时候，她像脆弱的小猫一般看着我，露出一个浅浅的微笑，窥伺着我要批评她的时刻。我很清楚地知道她要做什么，也很清楚地知道我要做何反应，但我还是中计了：我开始微笑，她开始大笑，我也开始大笑，最后我们以狂笑作为终结。之后，就不可能重拾权威了。”

有效的情感投入必然能找到精确的平衡点：运用情感而不陷入情感泛滥。如何避免陷入到过度投入中？团队协作！把机会交给另一个家长，要求他加入到谈判中来，进而带来更客观的观点。如果你是一个人，暂停一下，从而尽可能保持一些距离和客观性。

听，且认真听

孩提之时，我们咿呀学语，长大之后，却未曾学习倾听。真正的倾听不仅仅是简单地接收交谈者的信息，也是设身处地，不做主观判断，完全开放地听。真正的倾听需要专心致志以及一种我们能获得的特殊能力。

> 听，并不意味着倾听，因为听觉是一种感觉，而倾听则是一种艺术。
>
> ——佚名

积极倾听

为了改善心理治疗，卡尔·罗哲斯博士发展了积极倾听，或者主动聆听的技巧。用术语来说，积极倾听是一种“以人为本”的技术。卡尔·罗哲斯将积极倾听作为一种可以构建、引导有效人际关系的，客观而非命令式的真正的治疗方法。

在关系中，积极倾听作为移情发展的基本工具，力图达到以下几个目标：

· **与他人保持和谐关系：**开朗，不设防，在人际关系中表现出专心。

· **积极关注交谈者：**接受他的观点、观察、见解，而不做主观判断。

> 当我准备和别人交谈时，我用三分之一的时间来思考我要说什么，用三分之二的时间来思考别人要对我说什么。
>
> ——亚伯拉罕·林肯

· **以他人为中心：**为了最好地分析交谈者的行为和世界观，而从事实和情感因素中领会交谈者的参照系。

路易斯思考着他对孩子们的倾听。“我发现很难做到真正倾听我的孩子们说话。我为了真正的倾听而去听，而不是为了随后的争吵或说服他们而简单地接收他们的话。我意识到，通常，我在孩子说话之前就知道我要跟他说什么了：‘我有权威，知道他该说什么，但却不信赖他能说的话。’发现这一点之后，我试着更加开明，少一些专横，我觉得我们的关系好多了。”

有效倾听不是谈判技巧，而是让我们建立有利于谈判的、真实有效的关系的技巧。当我们建立了关系之后，我们就可以开始交换观点了。

许多技巧都可以用在有效倾听中：在亲子谈判中，应该做到简单、有效。我们要记住7个主要技巧——释义、重述、鼓励、辨识情绪、重新确定中心、“我”的信息以及利用沉默。

1.释义

（抓到他人言语中的关键词语）

对于孩子来说，某些词汇有着特殊的象征意义，有时，只有通过它们才能实现充分理解孩子的表述。对于家长来说，释义就是抓住孩子话语里有用的词汇：

“爸爸，我有个问题想和你谈谈。”

“你遇到问题了？”

因为我们抓住了孩子说出的词语，他的回答极有可能是：

“是的，我真的遇到问题了。”

“是的”已经产生了利于关系的积极气氛。这种回应也同样是鼓励继续谈判的语句，我们用更改表述方式的途径肯定了孩子的发问，继而使得家长用语调提出了问题。

这并非鹦鹉学舌，而是要抓住重要的词汇。比如，“问题”一词就是这句话的重点，尽管在谈判结束时，孩子可能会发现，客观来讲那并不是一个问题。

2.重述

（如何抓住别人的思想脉络）

和改述不同，重述要抓住的不是孩子的词汇，而是孩子所表达出来的思想，进而用其他词汇重新表达。

“晚上，当我做作业、复习功课的时候，妹妹总是过来跟我说话，她想和我一起玩儿，我没法集中精神。这就是我分数差的原因。”

“你的意思是说，你妹妹妨碍了你复习功课，这事就能解释你的分数了？”

奥利维尔进行重述，以明确他对孩子的理解。“我认为，我的孩子们并不总是能十分清楚地表达自己的要求，即便对他们自己来说也是如此。为了帮助他们，尤其是为了充分理解，我系统地重述了他们的要求。这使我们能对将讨论的内容很好地达成一致，这能避免非常多的误解，特别是能明确孩子真正的目的。”

使用重述时，父母可以实现以下几个有利于关系的目标：

· **显示出对孩子所表达的想法的尊重**。除非这些想法本来就是错误的或者无法接受的。

· **向孩子表明父母已很好地理解了他表达的内容**，这种迹象也可以通过观察孩子口头的或非口头的反馈来确认。

· **鼓励继续讨论**。在之前的例子中，孩子很可能把妹妹当作糟糕成绩的借口。

重述拉近了关系，却并不是在宣布孩子的声明有效，它只认可孩子表达出来的内容。在讨论或“核对”他的想法之前，应先确认孩子表达了什么。然而，重述引起的“是”可以使关系持久。

3.鼓励

（或者说是表现出想继续保持关系的意愿）

当我们和孩子讨论或者谈判的时候，他总是根据父母的反应来调整自己的话。当父母对他说的表现出感兴趣的信号或积极关注时，就是鼓励继续进行交流：非语言符号（如摇头和目光聚焦）和语言符号如“嗯，嗯，继续，再告诉我一点儿”显示出父母的关注点聚焦[①]在孩子身上，而且存在着一种有益的、有效的关系。

4.辨识情绪

（向他人展示我们已经辨识出了他们的感觉）

辨识孩子表达出的情绪是构建信任关系的重要一步。当父母辨识出了孩子表达的情绪并将之公开表达出来时，他就为移情的发展做了贡献。

“我受够了，晚饭之后，弟弟就有权去玩，我就得清理桌子，把碗碟

① 参见第七章。

放到自动清洗餐具机里。”
“你觉得这不公平，这让你生气了，是吗？”

辨识情绪的时候，父母要把孩子想表达的情绪表述出来，这说明父母接受了这个情绪，正在帮助孩子去理解。虽然有时候这些情绪并不客观，但分辨的前提还是先接受它。

5.重新确定中心

（如何重新回到话题中）

当亲子关系能够良好运作的时候，就需要将孩子带入正式的讨论主题中。

如果讨论的主题过于分散，即离题，会使我们丧失对关系的客观看法，陷入无休止的讨论中。为了避免这种情况，家长应该把讨论重新拉回到主要话题之上：

“爸爸，你跟我讲的这些已经发生好几次了。上个月，我也真遇到了同样的事情。”

“我很清楚这事儿不是第一次发生了，但我感兴趣的是，今天发生了什么，这才是我们要讨论的。”

重新确定中心，允许家长对自己发现的所有要素做个小结，并通过总体反馈来表明已经充分理解了孩子想要讨论的事情。

6.“我”的信息

（如何表达自我的情感）

通过“我”的信息，父母们表达出了自己对情况或者讨论的感觉。

“我觉得你爱妹妹胜过爱我。”

“我很难过你这么想。”

这项技巧是促进孩子移情能力发展的好途径。它向孩子表明了他的行为会影响到父母的感情层面，他的所作所为会有意无意地给其他人造成一定的后果。

7.沉默

（如何无声地表达）

孩子运用的暂停和沉默对他而言都很重要，他对隐含的部分惜字如金，同时也希望引起父母对自己要说的内容的关注。

和孩子讨论时，父母常常想在孩子说完话之前就想解释或者试着插嘴，这种现象十分常见。但是，这种做法不利于有效关系的建立。父母们需要认识到，沉默并不是浪费时间，而是讨论中有意义的停顿，我们理应尊重它。

自我诊断

你懂得倾听吗

根据第一直觉回答如下问题，在1~10的空格内做标记。
（1：这并非我的情况---10：这简直就是我）

	1	2	3	4	5	6	7	8	9	10
我能自发地感受到他人的情绪。										
我能辨认我观察到的情绪。										
移情和同情目标各异。										
我能表述孩子的情绪。										
我的孩子有权生气。										
必要时，我知道控制情绪。										
过多的情绪会导致无法与情况保持一定距离。										
知道倾听，我可以学习并发展这一点。										
当我倾听他人时，尽量做到中立。										
我尊重他人的想法。										
每一个论据对表述它的人来说都是客观的。										
我知道要鼓励他人去交流、讨论。										
我能接受客观的评价。										
我注意不陷入到有效关系的障碍中。										

结果：空格7～10指的是你有效倾听及适应谈判的能力。空格4～6代表为了更有效地倾听，你仅需完善的技巧。空格1～3代表你仍需要改进的地方。

如何避免设置关系障碍

我在专业谈判的工作中，系统地研究了阻碍积极倾听的因素，并在“态度”这一理论上，也即“波特的态度”上下了功夫。

“波特的态度”指的是卡尔·罗哲斯的学生波特所发现的妨碍态度基础类型学的行为，了解它们对我们营造积极的人际关系具有一定意义。

这一理论很好。我在用的时候却没有把握好时机，用得太早了。在构建利于有效谈判的关系阶段，应该知道要花时间去建立联系。我们可以将波特的态度用在谈判阶段中，但不要用在建立移情关系之前。这是个时机的问题。

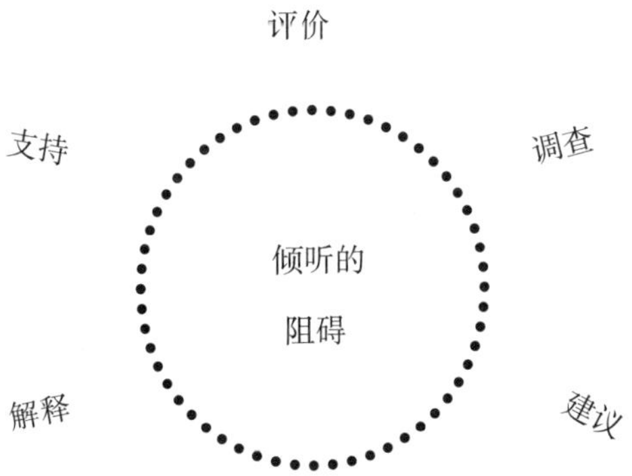

尽管“波特的态度”普遍源自于想帮助他人的美好感觉，它仍产生了可能不恰当的或破坏真实移情关系的行为。以下为5个阻碍倾听的要素：调查、评价、建议、支持和解释。

1.调查

（当我们太想知道“为什么”的时候）

调查的目的是研究信息的补充部分，进而更好地了解情况。在亲子谈判中，当调查过程太早地出现在关系中，甚至连基本的信任感都没有的时候，调查就变成了盘问和对孩子的意图的真实性的质疑：

“妈妈，当我在操场上的时候，我总被责骂。”

“为什么你会挨骂？”

面对此类陈述时，这个问题似乎自然而然地从父母嘴里跑了出来。然而，它阻碍了谈判之前的互动。实际上，父母是在根据自己的认知来引导孩子，从这一刻开始，这个问题已经归纳出这样一点——孩子被责骂是有原因的。

为了避免这种情况，可取的做法是进行改述，即将孩子的行为换一种温和的、一般疑问句的形式来阐述，给予孩子解释的机会：

“每次在操场上你都被责骂么？”

或者重述：

“在操场上的时候，老师总是批评你，是吗？”

这些倾听技巧会让孩子更多地介绍情况和那些斥责，随后出现的“为什么”可以让他表达出自己的思想和对问题的看法。

2.评价

当父母对孩子将要说出的话做出判断，尤其是基于逻辑标准、准则或者价值观而做出判断的时候，就会出现评价的态度：“这是公平的”、“这是错的”、“这不好”等等。

“爸爸，我的笔袋又被偷了。”

“别撒谎，你又把它弄丢了，你不想挨骂，就说是被人偷了。”

孩子撒谎与否并不是在关系之初要涉及的问题，如果我在他说完第一句话之后就开始质疑，他愿意继续进行的可能性就不大了。如果他继续下去并撒了谎，就会将自己困在一个很难摆脱出来的故事中。

在这种情况下，鼓励措施就是一种有趣的技巧，比如：

“你能再多告诉我一点儿吗？”

“好吧，最后一节课的时候我的笔袋还在，回家之后打开书包，它就不见了。”

“你觉得是被别人偷了呢，还是你把它弄丢了呢？"

对于孩子来说，家长提出来的二选一通常是思考时间：如果他撒谎了，还有一个机会回到正轨；如果他没撒谎，就可以进一步肯定自己的事实版本。

评价的态度通常都是无意识的，只是家长对不同参照系的防御反应。他们不是再接近孩子的参照系，而是把它转移到自己的参照系里。评价态度同样有利于在不同关系的参与者之间建立准则规范。

3.建议

（当我们觉得已经找到解决办法的时候）

建议是指给孩子提供问题的解决办法。这是在亲子关系中经常出现的态度，因为我们的经验比孩子们的多，知道许多解决问题的办法。但是，如果操之过急，我们会失去与孩子建立亲子中一种良好关系：借助我们的帮助，孩子们自己探索可能的解决办法并在充分了解事实的情况下做出选择。有时，替孩子做事，反而会阻碍他的成长。

“爸爸，有个中年级的大孩子一直在操场上纠缠我。”

“你唯一能做的就是去见你的老师，她会让他停止这么做。"

对家长来说，这个回答是完全符合逻辑的，但它不一定符合孩子的期望与诉求。这一问题的焦点是他在班级同学面前的自我肯定的重要性，而爸爸的回答并没带给他任何答案。

父母们可以鼓励孩子自己找到解决办法：

“如果他又开始这么做，你可以做什么来阻止他？”

“我可以要求他停下，不然的话，我就去告诉老师。”

“对，好主意！”

注意：太早给出建议，存在以下几种不利影响：

·家长不了解情况，给出了对孩子来说不恰当的，甚至是荒唐的解决办法，这会影响家长的环境权力。

·孩子会情绪低落，因为他没能自己找到解决办法。

·会让孩子觉得家长想速战速决，因为他们没时间管孩子。

4.支持

（当移情偏转为同情时）

支持的态度指的是安慰和鼓励孩子。但这种支持可能会过早地出现在关系中，或者被理解成一种普遍化，即断言孩子的问题不是孤立的，而是经常出现的态度。这会让孩子感觉自己被家长漠视了。

“妈妈，我不想让妹妹在我在的时候进我房间，她弄坏了我的玩具！”

“好啦，没那么严重，每个有妹妹的男孩子都会遇到这事儿，你又不是第一个。”

这种支持并不是移情的态度，家长把孩子的问题普遍化了。然而，对孩子来说，自己的问题是独一无二的。

妈妈可以这么说：

“你会怎么做来阻止妹妹破坏你的玩具？”

“我把它们藏起来好吗？”

“好的，为了把它们藏起来，你可以把它们放到搁物架上，这样她就够不到了。”

5.解释

（当认知从一开始就与事实略有出入的时候）

在解释态度中，父母根据自己的而不是孩子的参照系来解释对问题的认知。一般来说，它涉及对一知半解的情况的断章取义或与事实略有出入的表达：

“妈妈，我被留校三个小时，因为我在课间挨揍了。”

“如果你不去找架打，不回应那些挑衅，就不会发生这事！”

如果这种对形势的看法是错的，它就会被当作一种误解，会对关系造成影响。如果孩子拒绝接受，它就会引起孩子的消极反应。反之，如果孩子接受了家长提出的解释，他就会把这种看法合理化，并将之纳入到自己的认知中：“如果我被同学打了，这是我的错。”

家长可以试着在继续深入之前多了解一些：

“谁先动手的？”

“他们，我什么都没干！”

“谁怂恿他们和你打架的？”

这种对信息的探究，并不包含“为什么”，因此不会被当作调查，它可以引导孩子表达出打架的原因及其在发起事故的过程中的潜在责任。

许多家长认为，倾听的能力，特别是倾听孩子的能力是与生俱来的。不幸的是，其复杂程度远胜于此，诸多干扰因素，比如我们的情感和解读都会影响我们真实倾听的态度，以及对利于谈判的关系维护。

倾听是一项我们要终身学习，终身完善的技巧。

懂得倾听，就是懂得表现出灵活性，就是能根据对方的态度、年龄、对谈判和交流的欲望，而使自己的关系能力与他人相适应，使每个年龄的谈判对象都有与之相适应的谈判及讨论技巧。

练 习

标记出你阻碍倾听的行为

在以下回答中，如实标记出你可能做出的阻碍倾听的行为。

“我受够了，那些大孩子总在操场上纠缠我。”
1.为什么他纠缠你？（调查）
2.你别一直抱怨了。（评价）
3.是因为你惹事儿了？（解释）
4.你应该立刻去找学监。（建议）
5.我知道这是怎么回事儿，我也遇到过。（支持）

“我再也不想去上钢琴课了！”
1.你为什么这么说？（调查）
2.钢琴，是非常好的。它教会了你要在学习中努力并坚持。（评价）
3.是因为你的老师太严厉了？（解释）
4.克制你自己，这是为了你好。（建议）
5.所有学钢琴的孩子都有碰到困难，不想学的时候。（支持）

“我成绩不好是因为，在课堂上，其他人弄出来的声音让我无法集中精神。”
1.他们吵什么？（调查）
2.你不应该拿同学当借口来解释你糟糕的成绩。（评价）
3.如果你真的集中精神了，就不会发生这种事了。（解释）
4.把脑袋清空，专注于课程，你就不会考虑噪音了。（建议）
5.我可怜的小宝贝，我设身处地考虑了一下，这确实很难。（支持）

7

适合所有年龄的谈判

谈判中需要对谈判的对象有充分的了解，从而选择适宜的谈判策略。诸多因素中，年龄具有特殊的地位：对于年轻人，和对比他更成熟的人，我们采取的谈判策略并不相同。谈判对象的成熟度决定了另一方将谈判用的语言储备概念化的能力及其对关系的渴望。

在我们和孩子的关系中，孩子们的年龄和成熟度会改变我们指引他们以及和他们谈判的方法。

同样，不同年龄和成熟度的儿童在与父母谈判时，所采用的方法也大不相同。

最初的谈判：无言的历史

长期以来，和谈判有关的沟通技巧都集中在正反辩论以及说服的技巧上，措词扮演着必不可少的角色。

但是在美国联邦调查局受训期间，我有机会听到了一节“无言”谈判的课程：当对方不说话的时候，该怎么做？令我惊讶的是，关注了几分钟之后，我开始和一个从不回应我的教师开始了谈判练习，我们谈了一个多小时！作为父母，这种“无言关系”的情况十分常见，即使孩子没有通过语言来表达，我们也可以进行一场谈判。

奥利维亚和女儿经常遇到这种情况。“一般来说，我的女儿亚比很会使用她的眼睛，那是一种无声的武器。当我让她做一些她不愿意做的事情的时候，她什么都不说，只是接近我，然后用她那双乌黑的大眼睛直接盯着我的眼睛。瞬间，尽管我知道自己容易中招，我还是觉得成了女儿的奴隶，然后把事情放在了一边，上周，我决定不让她在白天用安抚奶嘴了。中午的时候，我想来个突然袭击。我把她叫过来，告诉她我不希望她继续用奶嘴了。看得出来，她很快就明白了，但她用小鹿般的大眼睛望着我，让我露出了微笑，然后等着我溃败。我已经决定好了不能如此，于是对她说：“把奶嘴拿掉，好吗？我们说好了，白天你不应该戴着奶嘴的。”耐力是我引以为傲的，这回轮到我等着她去服从了。她一言不发，偏着头，加强了眼神攻势，掉了几滴眼泪……然后我崩溃了！我对她说：‘好吧……这是最后一次啊！’她笑了，以胜利的姿态很快答应了。我也无法解释，为什么我就这么崩溃了……”

尽管孩子尚未掌握可以使自己建立结构化口语交际的词汇，他已经是互动的主体了。眼神的力度，头部的倾斜，微笑或者皱眉同样是孩子用于表现亲子关系以及谈判的方法。

肢体语言

有时，无言的谈判是单方面的，孩子们试着触碰底线，等着我们喊停。他们会把事情做到底。

这些初期的“交锋”尤为重要，因为它帮助孩子构建了他和权威人物之间的关系。如果父母不对不可谈判的事情设限，孩子就感觉不到存在着一种可以消除其疑虑的界限。当孩子开始走路，将手指放到任何不可思议的地方或者哪儿都要摸一下的时候，就应该严厉地制定出最初的禁止事项，以确保孩子的安全及避免他可能遇到的危险。

马克的儿子可真是一个好动的小家伙儿。“尽管我儿子才2岁就已经在我与他的关系中游刃有余了。当他知道自己在做傻事的时候，他就开始盯着我，慢慢地继续，看看我会不会让他停下来。上周，他抓着桌布，一边看着我一边开始往下拽。当我用严厉的方式喊停的时候，他停下来继续看着我，如果我紧皱眉头，他就会开始哭泣。但我如常地看着他，保持着我的冷静，对他说：‘这是件傻事，你会打碎盘子，而且有可能伤到自己。’，他平静地放开了桌布，答应了，然后继续去做其他的傻事。（笑）”

任何一个有孩子的人都明白无言的交流，明白这些一言不发的“对话”。正如雷·博威斯特的研究向我们展示的，肢体语言是最强大的沟通渠道。这位芝加哥社会学派的人类学家审查了几十部视频，通过肢体动作、姿势和面部动作来观察人与人之间的互动。他认为人际沟通是由15%的语言交流（词汇），35%的副语言交流（声音，语调）以及50%的非语言交流构成的。

指引孩子的时候，我们的态度和身体姿势就是我们用来沟通的最初的方法。在孩子摔倒的时候我们表现出不安的神色，就是在告诉他我们担心他会流血；当孩子看着父母想知道自己该做什么的时候，父母如果不耐烦或不安，即便没有说出来，孩子也可能会

嘴巴说“是”的时候，眼神说的是“可能吧”。
——维克多·雨果

哭，因为父母一言不发地将自己的担忧传递给了孩子。

和孩子在一起的时候，眼神一定是最重要的非语言交流因素。比如注视和严厉的目光会提醒孩子要遵守秩序；愉快的眼神，眨眼睛会向他传递融洽的信息。

声音的韵律

副语言媒介主要通过声音的韵律来表达，沟通学专家称之为“韵律音位论”：当孩子还小，不足以明白我们说的词汇时，语调、节奏和语速是我们向孩子传递信息的媒介。

副语言媒介应该与意图相伴相随，处在我们想表达的阶段中。应注意让二者相一致，因为如果孩子不能明白你的话，他还可以信任你的语调。

寇依就体验到了缺乏一致性的情况。“我的女儿2岁的时候，是个超级爱动东西的小家伙儿，她将手指放在把手上、门上、门铃上……这时，我犯了个错，那就是用不恰当的语调对她说‘不’。我用欢快的声音，笑着对她说：‘不，我的宝贝，你会弄脏自己的，你会受伤的……’然而，她一边笑着看着我，一边继续这么做。我想着：‘她什么也听不懂。’是我丈夫让我注意到了显而易见的事儿。他对我说‘他不知道‘不’是什么意思。如果你用这种蜜糖般的声音对她说，她会以为自己在做好事儿呢，她没什么理由停下来。’我对他那句‘蜜糖般的声音’颇为恼火，但他说的是对的。我女儿唯一能记住的事儿就是我的微笑和温柔的声音，因为她还不知道‘不’的含义。”

此处的相一致指的是在所有沟通媒介中的一致性：词汇、声音和姿势都以同一个意图为准。孩子们极具发现不一致性的天赋，这种父母意愿和对信息的断章取义的理解之间的“间隔”会引起不解，同时也是冲突的源头。要注意的是，要同时想着信息的深层含义（我想说什么）和信息的形式（我说的方式）。

注意，你所表达的信息，与孩子接收到的信息可能不一致

沟通可以是一种无言的行为，是一种不发一言的互动。但要注意认知偏差：“家长所表达的信息，与孩子所接收到的信息是不一致的。”

茱莉亚和她2岁的儿子就经历了认知偏差。“我做饭的时候，我的儿子亚瑟待在卧室里。我发现我听不到任何声音了，用孩子的话来说就是：‘我正在做坏事儿。’(笑)我径直走进了他的房间，看到我儿子正用手指头抓壁纸，为了让他知道他不该这么做，我严肃地看着他。

我们进行了长时间的眼神交流，他对着我微笑，拿起了一个玩具。我又回到了厨房，十五分钟后，我发现又没有什么声音了。我再次回到卧室，发现他手上握着三齿耙，正在刮壁纸。在我第一次进行干预的时候，我严肃地看着他，相视几秒钟之后，我就重新回到了厨房，以为已经说服了他，让他明白不该继续这么做。然而，他的理解是相反的。我们只好重新裱糊墙壁……我得让我的信息更清楚明白！”

没有言语，也不重新表述要理解的事情的危险就在于，我们是根据自己的参照系而不一定是根据对方的解读法则来理解接收到的信息。

父母的敏感度表示的是父母对孩子的需求的反应的恰当程度，也是避免认知偏差的方法。请听好，尽管孩子们还不能用语言进行表达，也请相信你身为父母的敏感度，并以此来感知孩子传递给你的信息。

我的天，你说话了

孩子最初的言语是神奇的时刻。当我们开始用语言与他“沟通”的时候，沟通的方式变得更加广泛。最初的有意义的词语不再是简单的声音，而是有条理的表达，孩子的知识宝库仍然有限，但它会快速地发展起来。

关系中的词汇的意义

语义学研究的是词汇的含义及其在语篇中的所指。实际上，大部分的词汇都有独特的定义且没有歧义，至少在我们表达的参照系中是如此。当我们开始用词汇和孩子交流的时候，要注意我们给予孩子们的含义以及孩子们将产生的理解。有时，孩子们会给我们一种他们并不理解自己真正想听到的是什么的感觉。家长们都遇到过这种情况：“他明白了，还是并不理解我对他说了什么？”你有没有注意过，孩子们的不解是非常有选择性的？当我们让他们吃东西或者去花园玩球的时候，他们完全明白，但当我们禁止他们穿着鞋爬到床上或者在客厅的沙发上跳来跳去的时候，他们就什么也听不懂了。

导致不解的主要原因有很多，因此，家长们必须有细致的理解来避免做出不恰当的回答。

· 孩子们的**语言知识储备中尚未包含这些词汇**。谈判的基础原则之一就是不要使用对方不知道的词。在亲子谈判中，只能使用那些我们确定他们知道的词汇。孩子们应该不断地学习新词汇，但需要注意的是不要把学习词汇和交流混为一谈，后者需要孩子完全明白我们的意思。

· 孩子们**知道这些词，但还未掌握其准确的意义**。孩子们可能不明白父母想表达的意思，因为对成年人和对孩子来说，词汇的意义不尽相同。以时间的概念为例，当家长说“马上过来”的时候，他的意思是“立刻”，然而对于孩子来说，他理解的意思是：“你一结束了手头上的事情就赶过来。”实际上，让2岁以下的孩子来规划时间是不可能的（一般来说，孩子到了8岁，才会对时间有基本正确的理解），家长们应该明确时间限制。

· **孩子们故意表现出不解**。他们完全明白，但表现出什么也不懂的样子。这是一个测试，一个检验家长们提出要求的方法：“我就这么做，像什么都没听懂一样，最后他们就会随着我啦。”

确保有效沟通的最佳办法就是采取积极倾听的技巧，特别是改述和重述，它们让我们把对孩子的表述内容的理解回馈给孩子，同时对确切性提出了要求，或者让孩子表达出对我们提出的要求的不解之处。

文字游戏和谈判

在亲子谈判中，词汇的影响并不仅仅止于词的意思（语义学），也在于词汇在句子中的位置，也就是句法。句法是对组合语言单位来构成句子的研究。词汇在句子中的位置和重复表达出不同的信息。最常用的4个句法效应是：首因效应、晕轮效应、近因效应和冗余效应。

1.首因效应

亚里士多德曾经说过："最初的词汇是最重要的。"这句话揭示了什么是首因效应。在一句话里，放在句首的词最容易影响信息接受者。

在以下的两个表达中，意思是一样的，但是词的影响是不同的。
"如果你继续这么做，就会受伤。停下来！我已经告诉过你了。"

和这句话的力度并不相同：
"停下来！如果你继续这么做就会受伤。我已经告诉过你了。"

在第二个例子中，"停下来"这一指令十分清楚且附带着所有余下的表达。

2.晕轮效应

这种效应的特点是通过**句子里的某个词或词组来控制选择性认知**。首先，这个词用于表现：当一个人或一组人的某种品质被认为是好的，那么他或他们的其他品质就倾向于被认为是更好的，即使我们并不认识他或他们。当我们对孩子进行引导的时候，这种效应就通过一个词或词组表现出所有将要说出的内容的特点。

如果我对孩子说：
“我不想让你今晚看电视了，因为如果你睡得太晚，明早你就会觉得累。”

我指出了他将会累的事实，可能会遭到误解或怀疑：
“才不是，我不会累的。”

如果我说：
“我不想让你今晚看电视了，因为如果你早睡，明早你的精力会更充沛，白天你就可以做更多的事情了。”

我说出了当我们精神振奋时能做更多事情的可能性，特别时可以玩儿和散步。在第一例子中，突出的词是“睡得晚”和“疲惫”，而在第二个例子中，突出的词是“精神振奋”和“白天做更多事”。目的是一样的，但选择出的词汇所引起的晕轮效应是不同的。

当我们给孩子下达指令的时候，情况是相同的：较可取的做法是通过指令将孩子引导向我们期待的行为。当我们禁止还在做某些事的时候，我们描绘出不同于往常的行为，引导孩子去想象，即使事情是消极的，也让孩子产生想实现它的意愿。

“不要在公园的旋转木马上玩儿！”

这一指令体现出了我们想避免的行为，孩子会以为自己正在旋转木马上玩儿。

“和你的木马一起待在花园里。”

这一指令体现出了积极的行为，孩子会以为自己正在花园里玩儿。

3.近因效应

这一效应的特点是自然倾向，即我们更容易回忆起句末的词汇。将词汇放置在句末强调了信息并给谈话对象留下了深刻的印象。

“我希望你今天做作业，你可以选择：或者在今早上柔道课之前做，或者下午我们从祖父母那儿回来之后做。”

这句话已经给出了选择，但最后的印象是二选一。如果这句话这么说：

“我希望你今天做作业，或者在今早上柔道课之前做，或者下午我们从祖父母那儿回来之后做。你可以选择。”

这样说会产生这样一种印象：最重要的不是你得二取一，而是你可以选择这个事实。

4.冗余效应

拿破仑说："重复是最有效的修辞。"

重复效应让重复的词汇产生影响。在强调建议或论据的效果方面，它非常有效：

"如果老师一发作业我们就把它做完了，我们就能得到好成绩。当我们翻阅笔记本来了解需要复习什么的时候，我们就能得到好成绩。当我们听课的时候，我们就能得到好成绩。"

这句话是强调我们对孩子的期望：有个好成绩。

“不！”：当对抗经常出现的时候

当孩子进入了“不”的阶段（通常在2~4岁的时候），他面对的是规矩的限制以及由此产生的失望。这个时候，就要进行最初的真正的谈判，并让孩子认识到许多事情是不可协商的。

当另一方说不的时候，谈判就开始了。
——谚语

马克斯从孩子1岁起，就为孩子说“不”这事儿而烦恼。“我女儿对一切都说不，我们一让她做事，她就习惯性地反对起来，这太痛苦了。让我吃惊的是，她总是在我们还没说完要求是什么之前就说不。我不喜欢冲突，但我觉得说‘不’这段时期对她来说很重要，然而，我们对不可协商的事情相当坚持，糟糕的是这都是以眼泪结尾的。有时，我也留恋她还不会说话的时候！（笑）”。

谈判并不意味着退让。反对、确认不可协商的事情有利于孩子的教育和发展，它们也酝酿在反对之中。

心理学家安妮·芭居丝认为："'不'是真正的独立宣言。"我们应该利用它和孩子一起进步。弗朗索瓦兹多尔多经常说："说'不'是为了做对的事情。"习惯性拒绝的孩子试图保持一定的距离更好地表现自己。专攻儿童发展的匈牙利精神病学家玛格丽特·马勒特别指出"不"的时期对应的是个体化的阶段。它区分了孩子的两个出生阶段：生理学上的出生和心理学上的出生。这一过程在术语上是个体化，应和着玛格丽特口中的"为着并向着个性的冲动"。对孩子来说，习惯性的"不"是一种证明自己的个性和人格的方式。应将这一阶段看作建设性的阶段。

但是为什么一直对你说"不"呢

当孩子从父母的口中发现了"不"这个词的时候，他也发现了这个词的力量，它能让一些行为停止。于是他决定根据自己的兴趣来使用它："现在，是我自己为自己做决定的时候了。"但孩子表达出的"不"的意思取决于他的成熟度，他对反对的认识及其有意识的目标。以下是孩子口中的3种"不"。

1.对请求说"不"

这是特殊实验的"不"。孩子表达出他的拒绝，为的是等待父母的反应和辨认界限：

"吃饭前去洗个手。"

“不。”

“你吃饭前得去洗手！”

洗手是不可协商的。孩子在测试这个界限来了解该怎么做，父母的确认里有他可以依据的框架要素。

2.闪避的“不”

这是一种纯表象的“不”，是一种想突出其个性的意愿。这是典型的不合理的“不”，并不符合有条理的思维，经常置家长于不解的境地并引起不快。

这种“不”是形式上的控制，而不是真正的反抗标志：

“穿好鞋，我们要去学校了。”

“不，我不想穿鞋。”

“你不想穿鞋？太好了，那就光着脚上学吧。”

闪避的“不”并不寻求界限，对孩子来说，它仅仅意味着控制正在发生的事情，有时它涉及了不在孩子特权范围之内的事情，如果父母意外地允许了他反对的话。

3.反对的“不”

当孩子被说服，他有理由去反对或者他有很好的理由去反对的时候，这就是从原则上反对的“不”：

“你去厨房拿瓶水来，好吗？”

“不，我不想去。”
“因为厨房里没有灯，所以你觉得害怕吗？”
“是的。”

孩子并不总是说“不”来为难自己的父母或者确认自己的人格，有时，他只是充分认识到了自己的目标就是拒绝我们让他做的事。

面对没完没了的“不”进行谈判

“不”的含义会影响我们做出的回答。当孩子表示反对的时候，以下有5个谈判策略以供参考。

孩子说“不”的时候，保罗·亨利总在问自己同一个的问题。“当其中一个孩子反对我说的话或提的要求时，我总在问自己：‘他为什么这么做？’我试着站在他的角度去思考问题，也试着做他做的事，还试图理解是什么引起了他这样的目的。他是真的反对我的要求？是想惹我生气？是在测试我？根据得到的回答，我采取自己的方法来消除反对意见，而不突然转入冲突或权威之中。”

1.不可谈判的

当引起反抗的主题涉及了不可谈判的内容时，要坚定自己的立场：
“你现在该睡觉了。”

“不，我不累。”
“我很清楚你不想按我的要求做，但这根本不可能拿来谈判。"

谈判并不意味着退让。体现出谈判框架也可以让我们确定要谈论的主题。

2.客观解释

当从客观的角度上看，孩子的反对是错误的时候，应简单地向他解释是什么引发了我们的要求。
“应该绕着游泳池走而不是跑！”
“才不，其他孩子都在跑。”
“我不希望你围着泳池跑是因为你会滑倒并弄疼你自己。”

然而，需要注意的是，给出解释时，要使用孩子能听懂的，且在其参照系之内的词汇。否则，就可能产生相反的效果，并带来一场冲突。

3.转移注意力

难以解除反对意见时，还有一个策略可以改变讨论的角度：转移注意力。
“我们要去公园散步。”
“不，我不想去。”
“去公园的时候，我们可能会遇到杜兰特夫人和他的狗狗，你可以和狗狗玩儿。”

“你觉得她会把狗借给我吗？”

引导孩子在自己的立场上用另一个角度去思考，他就能找到自己未曾发现的兴趣并因此而改变主意。

4.二者取其一

给出选择是一个扭转反对局面的好方法。当孩子遵从了一个命令的时候，他的前脑就不活跃了。如果我们给他一个选择，前脑就活跃起来，让孩子来控制精神：

“你可以选择自己更喜欢的：在我给你讲故事之前刷牙或者听完故事之后，睡觉之前再刷牙。”

“听完故事之后。”

需要注意的是，选择的标准应该在孩子的决定范围之内，且不能让他产生受人摆布或被强迫的印象：“你是要哭着做作业，还是不哭着做作业？”把控制权给孩子，也就是不让他丢脸。

同样需要注意，不要提出太宽泛的选择：两个或三个已经选择足够了；超过这个数目，孩子就不知道如何选择，取代反对的就是犹豫不决了。

5.在次要部分做出让步

为了不贬损谈判框架而又能将所有难题纳入讨论之中，将冲突限制在主题之内是十分必要的。

“你不想穿黑色的鞋子？”

“不，我不喜欢它们，我更喜欢棕色的。”

“好吧，你可以穿棕色的。”

小小的日常谈判上的胜利也是儿童沟通教育的一部分，而且它向孩子表明了，他可以给出自己的意见，表达出自己的选择来构建自己的人格。

当“不”的阶段渐渐平息，理性略微回归之时，许多家长会认为最困难的时期已经过去了。几年之后，当家长撞上了孩子们的青春期的时候，就会对那段平静的时间感到怀念，那时孩子们只会简单地坚持说“不”而已！

和青少年谈判：不可能完成的任务吗

青春期是亲子关系发展的重要时期，是对情感联系的试验。孩子们将深入到家庭圈子之中，并在其中不断发展直至他们与父母的关系变得更为亲密，从而构建出一个新的“共同体”。

对于青少年来说，青春期是一个拥有深厚友谊、初恋、和父母进行“哲学”辩论以及夺取明确地位的时刻。简而言之，这是一个充满火药味的时期，此时的一切都是为了对抗而存在的。

> 说服的艺术就是既要使人信服又要使人满意的艺术。
> ——布莱士·帕斯卡

苏菲和她17岁的女儿莉娅之间的冲突无休无止。“除非事情恶化了，否则我们都不跟对方说话。最近，她觉得自己太胖了，应该减掉5公斤。每次坐到桌子旁的时候，她都仔细检查我准备的菜，指责我不尊重她的饮食制度。当我告诉她，我为她准备了没有脂肪的菜的时候，她就会反问道：‘你觉得我胖，是不是？’真让人受不了！根本没有理性的谈话，我说的所有话都能引起冲突。我已经精疲力尽了。”

青春期也是个最喜欢追逐坏榜样的时期，比如那些抽烟、逃课、不带头盔骑摩托车的伙伴儿们……这一时期的不稳定性以及容易骤然进入冲突的状态不应该让孩子们忘记了规则和不可谈判的事情。

但是青春期并不只是乱七八糟、冲突对抗的时期！它也是孩子们变得更加成熟的美妙时刻。孩子们增长了概念化、讨论及辩论的能力，进而也增长了谈判的能力。

保持距离

青春期是一个保持距离的时期。孩子们就要长大成人，开始彰显自己的个性，渴望独立自主。他们将采用新规则：新衣服、难以理解的词汇，归属标记……他们听自己的音乐，试着建立只属于自己的规则：谁也不能进他们的房间、不能随意去动他们的牛仔裤，等等。

> 他在发音，我相信他是在和我们说话。
> ——尼莫的爸爸，马林，迪士尼动画人物

保持距离对塑造青少年来说十分重要。此时，我们重新审视不可谈判的内容，修订谈判框架却不触及决不谈判的内容。与“崭新的”自由伴随而来的是，青少年不断增长的责任感。

马提亚尔没发现孩子已经长大了。“当我第一次看到维克多在初中门口拥抱一个女孩子的时候，我突然觉得自己老了。我的小娃娃，他抱着一个女孩！我意识到他已经15岁了，而我却没看到岁月流逝。这段时间有利于修订我们的规则，大部分规则都得重新商定了。他有权力在想做作业的时候才做，有权晚上晚回来一会儿，有权去朋友家过周末。作为交换，唯一的束缚就是要有个好成绩，不能行为不端。维克多遵守这些协议，尽管有时我还是不大理解他的用词，但我得承认他的青春期算是平稳地过去了。（笑）”

与儿童不同的是，青少年有认知能力，这使得他们能够质疑父母的决定，反对他们自己的世界观。父母的目标是通过给予与环境和社会相适应的规则来使青少年社会化。对于青少年来说，这些规则都因循守旧，他们会通过发表个人宣言来反对它们，这也是在彰显他们的个性：

“我希望你能整理一下你的衣橱和里面的衣服。”

“我没觉得我的衣橱乱。”

“我真不知道你是怎么找到自己的东西的。”

“关键在于，我，就是能找到它们。”

许多父母倾向于采用某些青少年的规则来缩短距离。除了会让自己置于可笑的境地之外，这同样将会与所有谈判的基本原则背道而驰。应尊重对方的行话，若不属于统一共同体，则不使用这些行话。

行话是一种“社会方言”，是只适用于某一职业、团体或活动的语言。用于辨认团体成员并排除那些不属于该团体的人。父母尊重青少年的特殊词汇，就是尊重他的团体。不要试着反其道而行之，为了让孩子成熟起来，父母应该保持必要的距离。

麦克试着在女儿面前扮演青少年。“有一天，我14岁的女儿佐伊带着两个朋友回家了。为了当一个年轻的、富有人情味的爸爸，我试着这样欢迎他们：‘早上好，今儿怎么样啊，小美女们？’她们朝我投来冷漠的目光，佐伊反应最大。晚上，她抓狂了：‘你以为自己是谁，谁都不是！都是因为你，我变成了个傻蛋！’过了一个星期，她才决定再次和我说话了。后来，我理解了她的激动，也不再试着像青少年那么说话了……”

和青少年谈判是一种保持距离，并为每个人保留一定的空间，不向权威低头，也不对无可妥协的事情作出让步的方法。如果谈判框架能够随着孩子的成熟而有所改变，它也不该消失。

精神分析学家克洛德·阿尔莫明确指出：“在青少年时期，一切都在脑子里、身体里动来动去，他们再也不需要来自外部的一切稳定、固定的东西。处在第一位的就是家长的权威。尽管孩子一贯否认它，对孩子来说，它也不是一场游戏，而是一种必需品。孩子否认它是因为他在试着成为自己的主人。他对权威的反抗有两重意思：与权威做斗争，但同时也依靠着权威。权威既要存在又要顶得住压力，我们不能依靠虚无之物。来吧，坚持住，接受命中注定的当众出丑，经受那些不可避免的、有益的冲突。”

为了维护权威并让孩子接受规则，父母们应该通过教育，和青少年们进行越来越清楚、越来越有准备的谈判，这么做是为了辩论和说服，而不是为了操纵。

如果我们和青少年们来一场辩论呢

纯粹的制度权力只是针对青少年的最终解决办法。

更好的做法是利用环境权力和关系权力来实现我们这群担心着孩子的安全及和谐发展的父母们的目的。问题在于，青少年是最好争论的人，对他们而言，和班级同学之间的唇枪舌剑只是日常娱乐，但父母们可是许久没这样做过了。**家长们，回到古老的辩论艺术上吧！**

辩论是**通过语言说服他人的艺术**。这个词源自拉丁语中的rhetorical，意思是“善言的艺术”。据传，耶稣诞生之前，公元前5世纪左右，在西西里诞生了辩术，并由诡辩家高尔吉亚传入雅典。传统的辩论包括5个部分：

- **创意准备**，找到说服他人的论据
- **整理安排**，用最有效的方法来陈述论据的能力
- **语言表达**，找出强调论据的词汇的能力
- **技巧运用**，口头表达、陈述论据的行为
- **记忆背诵**，能牢记演说的整个过程。

在青少年面前，为了能成功说服他们，应求助于理性，并将之组织起来以便理性能达到最公正的状态。在辩术中存在着许多形式的论据，以下就是用于支持演说的原则。

以一位想说服儿子定期复习功课，为测验做准备的家长为例，展现常用的9种论证方法。

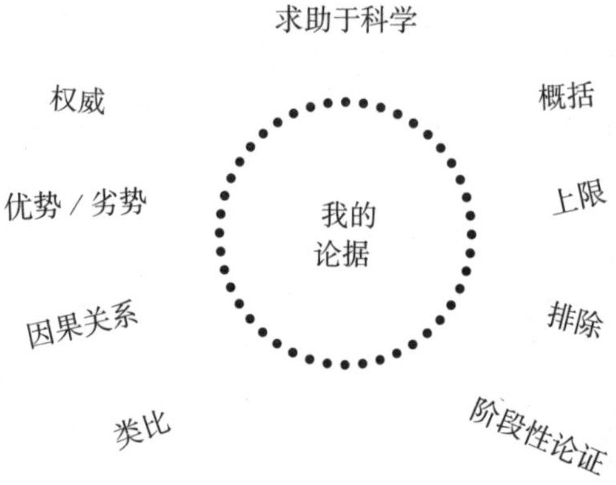

1.权威论证

权威论证参照的是青少年承认的权威，或者是为了巩固其真实性，或者是为了巩固其恰当性：

“想想数学老师对你说的话好吗？他在你五年级的时候帮助过你。每天学习一点点，毫无疑问，你一定会通过考试。”

2.类比论证

类比就是比较两个不同的情况进而从中推断出一个孩子更容易领会的解释：

“当你为测验做准备的时候，就和你为柔道比赛做准备的时候一样，你就想象对手会抓住你，你该怎么回击才能占据优势。至于测验，你就想象老师会提出哪些问题，然后根据这些内容来复习，你的目的是能回答这些问题。”

3.优势／劣势论证

这种论证需要鉴别情况的优劣，然后比较二者，进而强调支持或者反对：

“当你一从学校回来就马上做作业、复习的时候，你确实忙得连喘气的时间都没有了。然而，一旦你完成了，你就有更多自己的时间了，你不会因为要做作业而被强行中断正在做的事儿。如果你的作业比预期的还要难，你也有更多的时间去做，也就不会紧张了。那么，你比较喜欢哪一种?”

4.因果关系

这种论证将行为和积极或消极的结果联系在一起。

“如果你不复习功课，你的成绩将会很差，你考试就会不及格。”

这种技术也可以和冗余效应结合起来。

“如果你不经常做作业，你的成绩就会很差。如果你不复习，你的成绩就会很差。如果你上课什么也不听，你的成绩就会很差。”

5.排除论证

这种技巧是排除不太有利的选项，进而彰显主要论据的好处：

“你不想复习？好吧，那你还怎么获得一个好成绩？你可以作弊，把小纸条放在兜里，但是如果你被抓住了就得受罚。你可以抄旁边人的；下场是一样的，你得受罚。你可以把50欧悄悄塞进老师的口袋里，但我觉得他不喜欢这样。所以解决办法就是：复习。”

6.科学论证

这种论证是基于科学或统计数据的。

“我在一本科技杂志上看到89%的定期复习功课的青少年成绩更好，考试的压力更小。我这是为了让你知道你想站在哪方……”

需要注意的是，运用科学论据时，选取的应该是那些青少年们无可辩驳且可以信赖的数据。

7.概括论证

这涉及一个特殊情况，我们知道这种情况是可信的、现实的，进而做出一个适用于所有类似情况的概括：

“我认识的所有成功从事了梦想中的职业的人都复习功课，为他们的测验做准备。所有，无一例外……”

8.阶段性论证

这种技巧把目标切分成几个连续的阶段，这些阶段不一定产生重大效果，但是累积在一起，就能实现研究目标。

“如果你能听一点儿课，就能拥有一些关于课堂要点的片段。回家之后，你可以回忆一下课程顺序，或许也能在你的书里找到一些补充材料。然后，你再看一遍课堂内容确定你充分理解了。在每一步，你都学到了一些东西。测验前夜，你再看一次所有的笔记，猜想一下会考什么题目，在脑袋里建立一个作业计划。当你面对着答题纸，阅读题目的时候，你就会认出你的课程内容，你就能得到好成绩了。”

9.求助于上限

这种论证涉及了敏感之处，一种青少年看重的价值观：

“在家庭里，复习总是很重要的，因为它能让你成功通过考试，选择你的未来。我正在和你说的，就是我在你这么大的时候，你爷爷和我说的，他是对的……”

这种论证技巧是开始进行讨论的基础。不要忘记，即使他们还不是成年人，青少年们也是厉害的辩手，他们善于尝试着反对你的论据。重要的是，要保持客观，决不撒谎，能辨识出他们使用的合理的论据：
“从学校回来之后，你就累了，你想在复习之前稍微休息一会儿。我完全理解，我知道你度过了漫长的一天。但你躺在沙发上，玩了两个小时的游戏的时候，我就不确定这是不是休息过头了。”

在辩论的技巧中，存在着**降低他人的威信，进而降低其论据或其话语威信的战术**。注意那些会让青少年丢脸的策略，这可能并不为青少年所接受并引发一场冲突。**这类战术决不能用在亲子谈判中，**如果你能意识到自己使用了它们，这就说明你的论证并不好或者不够恰当：
“你什么也不是，别以为关于这道题，你还知道些什么。”

对一个孩子说他什么也不是，就是给他一个不上学，完全失去自信的好理由：
“就连我的父母都说我什么也不是。”

父母运用的辩论应能丰富青少年的思考，决不是让他们信誉扫地或觉得丢脸。

使思维理性化并依靠理性进行说服的辩论和技巧：不要忘记我们最主要的论据，就是我们对青少年们的爱，尽管什么事儿、什么时候都得讨论这一点已经快把我们逼疯了。

糟糕的是，谈判并不总能阻止冲突的情况以及产生压力和紧张的情形。然而，在对儿童的教育中，谈判可以作为我们的同盟，让这些艰难的情况稳定下来。

8

冲突之中的谈判

当我们从事危机谈判专家这一职业的时候，对应处理的情况所下的定义和我们的职业名称是一样的：危机。这涉及要面对万分紧张的局势，而这些局势则以暴力事件或对财产权、人权的威胁为特点。面对这种压力能迅速压垮人的情况，我们完全需要进行技术准备和培训。然而，困难重重的冲突并不是危机谈判的专属。意外的、时而剧烈的压力也会出现在家庭内部，让父母无言以对。

冲突，有什么用

谈判是一种解决充斥在所有家庭生活中的日常紧张情况的极好办法。有分歧的意见，游离在规则之外的要求，原则上的反对……每个家长都经历过这些情况，我们可以试着通过交流和讨论来处理。然而当局势变得紧张且出现了冲突的时候，又该怎么做呢？

> 我们嘲笑那些用这句话为自己做的错事辩解的孩子：“是他先开始的！”然而，每一起成年人的冲突却无法从别处找到源头。
>
> ——阿梅丽·诺冬

如果让家长或者孩子来定义他们之间的冲突，你就能发现这是多么难以清楚确定的，因为它是多样的，且易受解释的影响的。

不同意他人的观点并不是冲突的特征：所有人都有权力不同意身边人的观点并有意识地表达自己的观点。当其中一方，或所有人都试图将自己的观点强加给他人，而不考虑到意见分歧时，就会产生冲突。在这种情况下，表达可能会变成语言暴力，甚至人身攻击。一般来说，冲突都伴随着激烈的情绪，比如气愤、失望或者害怕。

心理学教授多米尼克·皮卡尔和埃德蒙·马克发展了有趣的冲突思想。他们认为，冲突并不一定源自参与方的沟通错误，也可能仅仅是**集体生活或家庭生活的组成部分**，关系问题是我们的本性及关系动力所固有的，因为生活在一起并进行交流，这本身就是复杂的、困难的。

家长和孩子之间不同的冲突类型

克里斯托夫在与15岁的女儿苏菲发起冲突时，总是不知所措。“我承认谈论日常生活时，我很难理解苏菲的行为。一般来说，我都没时间解释完，苏菲就拔高了声音，烦躁不安，最终把自己锁在房间里。我实在难以忍受这些冲突，因为，在青春期到来之前，我们相处得非常好，从来没出现过这种情况。有时，苏菲会使劲地踩着楼梯，回到她的房间。我从没见过这种情形。我还没准备好控制这种爆发，我真不知道怎么做才能让气氛缓和下来。”

想对那些让父母和孩子对抗起来的冲突情况做个概述决非易事。在网上查一查这个话题，就会发现想有个明确的观点是多么困难，因为话题虽多却不相称。

我们有几种进行冲突评估的方法。第一种是根据参与方对冲突的定义，统计其确认的冲突数目。第二种更注重对经历或遭受冲突的人产生的情感影响。第三种方法旨在辨识导致冲突的原因。

如果我们想确立家长和孩子之间可能出现的冲突类型，可以通过第三种办法，鉴别出3类情况：客观冲突、认知冲突和情感冲突。

1.客观冲突

客观冲突的特点是各参与方的目的不可调和：

“你应该去复习下一次数学测验的内容。”

“不，这样挺好的，不需要复习，我已经得了良好了。”

“我希望你是全班最好的！”

“我已经是中等了，这对我来说就够了！”

2.认知冲突

认知冲突和参与方之间的思想的不相容性有关：

“你在家里有极大的自主权。只要你尊重我们的生活规则，几乎就可以为所欲为。”

“我，我才不相信你会给我你口中的自主权：我不能想几点回家就几点回家，晚上七点半我得和你们一起吃饭……对我来说，这不是自主。”

3.情感冲突

情感冲突的特点是参与方表现出来的情绪或情感互不相容：

“我听说有人在学校里殴斗，这是不可容忍的，这真让我生气。”

“哦，这没什么吧，总这样啊。”

“五个男孩打另一个男孩，就他自己挨揍，这事不让你觉得生气？”

“坦白说，我也干过这事。”

找到冲突的源头是找到谈判方式的好办法。

父母和孩子，尤其是和青少年之间的冲突时无法避免的。对自主和个性的探寻促使孩子对抗规则，慢慢长大，许可或者禁止都是父母强加给孩子们的。孩子们想自己决定那些与之切身相关的事情，父母则想保护他们，让他们根据自己的规则融入社会。此外，家长和孩子们也承认，对于大部分人来说，通常冲突都是因小事而起，然而当每一方都固执己见，等着另一方同意自己的观点的时候，这些小事儿就会引起激烈的反应。这类的对峙情况经常被视为令人不快的压力，也许如此，但不要忘记冲突也有积极的一面。

冲突的好处

冲突也是日常家庭生活的一部分，那么就好好利用它吧！实际上，冲突的情况有利于儿童和青少年的**社会竞争力**的发展：冲突促进了儿童的身份确认、人格构建，有助于儿童的“教育”，进而教会他通过讨论和交流解决争端的方法。

练 习

你与种种冲突

和孩子一起，根据严重性对你们遇到的冲突进行鉴别和分类。

根据严重性 进行分类	父母眼中的 冲突	孩子眼中的 冲突
1		
2		
3		
4		
5		
6		
7		
8		

你会发现你和孩子对冲突的定义并不相同，对于冲突情况的严重性等级划分也不相同。

玛丽·蕾娜不喜欢冲突，但她承认冲突具有不可否认的教学法的特点。“我家里有两个青少年，冲突十分频繁。正如他们所说，他们会抓住所有机会来测试我的底线，证明他们的自由。我不喜欢这样，因为这让我觉得不舒服。但我发现冲突对我的男孩儿们有好处。我们经常对峙，但我相信他们已经知道了不可逾越的界限。就算出现了意见分歧，他们也没有忘记我们的规则，为了让谈判有个好结果，我们记住了所有可以谈判的内容。我觉得这对他们的成年后的日常生活很有用。”

只要家庭气氛合适，冲突也能产生好处，比如营造适于谈话、相互倾听、尊重每个人的思想的气氛。如果气氛是充满敌意的、紧张的，冲突就会转变，通常，这意味着一场地位之战即将打响，直至表现出好斗性或者暴力的情况。

美国家长心理学专家，已出版数部有关青少年好斗性及亲子关系的著作作者吉拉德·派特森在其研究中指出，当冲突发生在一种长期紧张的环境之中，且解决方法就是专制和强制的时候，对孩子的影响是非常消极的。这种情况会促使遭遇强权的孩子出现暴力、好斗的行为，且这种行为会蔓延到家庭圈之外，因为他在学校或和其他同学的关系中也会这样表达自己。

家长和孩子之间的冲突是无法避免的。请记住，预先设定的规则和对所有人都有利的谈判是进一步构建儿童人格的要素。

自我诊断

你是积极冲突的行家吗

根据第一直觉回答如下问题，在1～10的空格内做标记。
（1：这并非我的情况——10：这简直就是我）

	1	2	3	4	5	6	7	8	9	10
冲突是家长生活中的正常事。										
每个人对冲突都有自己的定义										
所有冲突的重要性并不相同										
冲突可以帮助孩子表现自己。										
冲突中每一方的地位相对于他所表达的内容来说，都是合理的。										
冲突可以创造出一种创新的解决办法。										
如果存在着协商解决办法的规则，冲突也可能是积极的。										
冲突不一定是难以解决的问题的同义词										
专制从来不是一种好的解决办法										
不管冲突如何演变，也要维持关系。										
口头暴力不应该是确定地位所必需的。										
决不能接受人身攻击										

结果：空格7～10指的是你改善冲突情况并使之利于孩子发展的能力。空格4～6代表为了更加有效的谈判，你仅需完善的技巧。空格1～3代表你仍需改进的地方，以及下次谈判时，需要注意的问题。

以冲突为内容的谈判

面对冲突时，有三种主要方法：权力、法规和谈判。当其中一方比另一方更强大，并且可以将自己的观点强加给对方的时候，就可以通过权力来解决。通过法律来解决问题则需要第三方的参与，比如司法机构。我们所重视的谈判的目的是通过协议来解决冲突，这是一种对双方都有利的协定，每一方都可以通过讨论发现自己的问题。

马提亚尔就是谈判的行家。“我对权威，甚至某些人口中的专制有一种自然倾向在我从事的职业中存在着无法回避的、非常严格的等级制度，而我倾向于将这种模式用在我的家庭中。然而，解决家庭冲突的时候，我拒绝使用这种简单的解决办法，特别是解决和三个孩子的冲突时。如果我中断了现场，就不会留给孩子任何机会去表达他们自己的想法或者和我谈判。我更喜欢一起讨论，一起交流，每个人都能辩论。当我和同事谈论这些的时候，这让他们感到惊讶，但解决和孩子的冲突时，我是个真正的谈判专家。”

创造情况的“可谈判性”

冲突的概念意味着两种观点相互间的对抗，谈判冲突的概念则意味着参与方之间为找到共同立场而进行的交流。首先，这两个概念是互补的，而且冲突一贯以谈判为前提。但它需要学习。

在亲子关系中，对冲突的掌控通常是单方面的：父母强加，孩子忍受。这种主要依靠权威的解决办法表现出了快速的优势，但其巨大的劣势就在于使一种不平等的解决办法系统化，对于孩子来说，这会导致冲突成为控制和放弃要求的同义词。

波拉是一个不喜欢冲突的青少年。“当我和父母，特别是和我妈妈意见不合的时候，一般就会出现紧张的情况，而这最终会以一方对另一方的大喊大叫结尾。然而，现在，我明白了，应该有这么一刻，我要无可争辩地接受他们对我的要求。然后我就闭嘴了，我忍着……我对自己说，一年之后我就成熟了！我就可以做任何自己想做的事情了！”

波拉并没有进入谈判，因为她认为自己会输。如果她认为成年将改变一切，她可能会非常失望。

重要的是，要把谈判作为控制父母和孩子的冲突局势的第一方法。根据冲突的起因，我们可以建立适当的谈判轨迹来重新创造出“可谈判的局势”。

我们来回顾一下上文：

客观冲突，即参与方目的不可调和的冲突：

“你应该去复习下一次数学测验的内容。

“不，这样挺好的，不需要复习，我已经得了良好了。”

“听着，我希望你能思考一件事：上学有什么用？只是为了得到良好，还是你觉得上学能教会你对你选择的职业来说很有必要的事情？”

在客观冲突中，与其固守家长的目标（也就是孩子要有好成绩，而不仅仅是得个良好）不如通过讨论澄清共同目标，即让孩子掌握从事理想职业的方法。

认知冲突，源自参与方之间的思想的不相容性：

“你在家里有极大的自主权。只要你尊重我们的生活规则，几乎就可以为所欲为。”

“我，我才不相信你会给我你口中的自主权：我不能想几点回家就几点回家，我得和你们一起吃晚饭，必须按点儿回家……对我来说，这不是自主。”

“我觉得我们对自主的定义不尽相同。在你看来，你还缺少什么，让自己感觉都自主？”

在认知冲突中，谈判可以围绕着澄清引起心理障碍的误会进行。这些冲突通常是由误解、不解至少一方的阐述引起的。

情感冲突，和参与方表现出来的情绪或情感的互不相容有关：

“我听说有人在学校里殴斗，这是不可容忍的，这真让我生气。”

“哦，这没什么吧，总这样啊。”

“你觉得不严重是因为你不认识那个挨揍的孩子，假设，如果他是你弟弟的话，你是什么感觉？”

“那样的话，就不一样了，我会非常生气。”

情感冲突中的谈判是最复杂的谈判之一，因为它所涉及的主题和参与方的个人情感有关，而且这些主题总是非常敏感的。我们应小心谨慎，不要进入到正面对抗之中，这可能会使儿童或青少年抱有敌对情绪。引导孩子去思考感觉到的内容总是要比告诉他应该感觉到什么更具有建设性。

所有的冲突都可以通过谈判来解决，即便最紧张的那些也是如此。然后需要注意的是不要全盘接受：不管发生了什么，都不能接受暴力，特别是人身攻击。

当暴力取代了讨论

在语言或肢体暴力取代了讨论的情况下，应终止谈判。建立规则的时候，就应该表明，在任何情况下，暴力都是决不被接受的。

挑衅可能会让孩子找到回应冲突的办法。如果他见过父母之间的暴力行为，或者父母一贯无法在怒火升级成攻击之前加以阻止，那么孩子就倾向于认为暴力也是相当好的解决问题的办法。

面对暴力行为时，我们必须表现得万分严厉。如果孩子提高了声音，变得好斗且用极端方式表现自己的时候，就不可能继续谈判了。家长应立刻制止这种行为：

“如果你大喊大叫，我们就不谈了。如果你用这种语调和我说话，就不可能继续。”

应该让孩子意识到采取攻击性行为就意味着谈判框架的终结，不管是在和父母的关系框架中，还是和兄弟姐妹或班级同学的关系框架中都是如此。

许多暴力、好斗的孩子的父母都有产生犯罪感和自我封闭的倾向，有时还会有无法走出家庭圈子的倾向。

在这种冲突中，家长应抑制自己表达不满或者在困难面前无能为力的行为，控制自己使用暴力的手段。

表现出对孩子的好斗行为的关注和不妥协，逐步降低好斗行为发生的频率直至其消失。如果暴力手段还在增加，就要毫不犹豫地求助于家庭圈子之外的专家了。

儿童或青少年的暴力行为也可以表现为自我对抗。家长应特别注意自我对抗的表现（轻度自残，割伤，烧伤……），求助于外部力量，进而了解、控制问题，通常是十分必要的。

在冲突中，恢复理性

面对引起压力或紧张情绪的冲突，父母应控制住情绪，保持理性思考。可以采用一些程序性步骤，试着不让情绪左右谈判。

一般来说，解决冲突的步骤如下：

1.观察冲突

这是真正的冲突还是只是一种沟通上的误解？

“你姐姐告诉我，你不想参加今年的语言培训夏令营了。去年我们说过了，你同意提高自己的英语水平，现在你又不想去。这是真的吗？”

“是的，是真的，我不想去了。”

2.向参与方宣布冲突

每一方都应知道存在着问题和潜在的冲突，并表明自己的立场：

“听着，问题是，尽管这一年来你的英语不是很好，你还是没上补习课，这是因为我们觉得你可以在夏天补习。如果你不去，这就成了一个问题。”

“我不想去英国，我想在家里复习英语。”

3.检查真正的原因

对于每一方来说，冲突的源头是真实的、客观的吗？

“你能再对我说一些吗？我希望你能进步，能提高你的英语水平。这个夏令营是一个认识同龄的，只说英语的小朋友的好机会。”

“我呢，不想遇到那些不认识的人，就这么多。我想好好学英语，但和一句法语都不会说的人一起学这事，就别再提了。”

4.盘点可采取的解决办法

参与者会提出什么样的解决办法？

“好吧，在提高你的英语水平这事儿上我们已经达成一致了。你的建议是什么？你想在假期上补习班吗？我就能教你。”

“我，我想在这学年里上补习课，假期就安静地待着。”

“不行！你不想去英国，这点我已经了解了，但你得在假期里学习。”

“好吧，如果可以的话，我想让托马斯哥哥来教我，他是英语系的大学生。”

“好的，但每周至少三个小时。”

“三小时，这太多了，一周一小时？”

“不行，每周三小时或者你去参加英语夏令营。”

5.确认让所有人满意的解决办法

什么样的解决办法能让所有人满意，并终止冲突？

“好吧，我同意，每周三小时，但别在周末。”

“同意，每周三小时，周末你可以安静地待着。”

6. 参与方接受协议

参与方清楚地表达出彼此间的协议。

“你接受这个解决办法，我们达成一致了？假期的时候，我们不会再回到这个话题上了。”

“我保证！假期的时候每周三小时，这和我离开一整周一样。”

7. 实施解决办法

由参与方实施解决办法。信任对于确保共同解决办法的实施而言十分重要，下次冲突时，不守承诺的人很难再出现在谈判中。

冲突是艰难的时刻，它让父母忧心忡忡，但它也是孩子的成长和人格构建的一部分。在教育关系中，冲突是不可避免的，尽管对家庭气氛而言，这是个考验，但它从不质疑父母对孩子的爱。善用冲突这一考验。请记住在面对困境时，谈判是首先要做的事情，它能够营造出甜蜜和谐的家庭关系，家庭中的每个成员都能幸福地生活在一起。

练 习

运用解决冲突的步骤

回忆你和孩子的上一次冲突，试着将之前解释过的步骤运用到其中。

你运用了不同的连续阶段了吗？

哪一个步骤是没用到的？

你用得（或将采用）最多的是哪个步骤？

在下一次冲突时，试着运用这些步骤，然后把得到的结果和用你的方式来解决常见冲突所得到的结果进行比较。

结 语

1998年，我的第一个孩子出生了。我问自己，要成为什么样的父亲。我能出色地扮演家庭领导人的角色，也就是一个领路人，孩子则不能有任何质疑。2000年，我的第二个孩子出生了。我对自己说，我还是那个领路的家庭领导人，但这并不总是那么容易。2004年我的第三个儿子出生了，我问自己，我的孩子们是否希望我当这个领路的家庭领导人。2007年我的女儿出生了，我意识到我要花时间和他们谈判，只是为了让他们接受我才是家庭的领导人！

我是个职业谈判专家，当我开始在第三方组织中工作的时候，我不知道如何将工作和家庭联系起来，我从来没想过我的工作也能教会我教育孩子的方法。我每天都在和他们谈判，我想这或许是让他们成为有责任感的、自主的、尊重他人的、思想开明的成年人的最好办法。

谈判并不意味着妥协。这不是因为你和孩子谈判，就会丧失你对他们的权威。恰恰相反，在开启谈话及有建设性的交流的时候会加强你的权威，身为父亲，并不需要时刻表现得那么专制。

谈判，就是要公正。在任何情况下都要公正。我们是如此深爱着孩子，情感常常让我们忘记了教育他们，也不愿意向他们说“不”，这样就失去了公正。要记住，任何情境下都要保持公正。

谈判，就是教会孩子交流。我们的孩子也是未来的家长。我们可以将谈判这个方法传给他们，等他们为人父母时，他们就可以将关系、谈话和交流作为引导孩子充分发展的方法。

让我们回归到理性：我们的孩子经常是世界上最棒的谈判专家。他们只是在不断的言说中促进自我和他人在家庭生活中持续地完善自己。不要忘记，我们的宝贝在将来的某一天也会有自己的孩子，当你变成了祖父/母的时候，你也会教孩子们所有的窍门和技巧，用恶作剧惹火他们的父母！到那个时候，你的孙子/女就变成了世界上最出色的谈判专家！生活就是这样……那么，请继续在必要的时候，用谈判来教育孩子，该说“不”的时候就说“不”，并教授给孩子们成为大人的方法吧。